KB168672

반전이 있는
유럽사 1

편견의 장벽을 허무는
독일 · 오스트리아
체코 · 헝가리 이야기

편견이 없는

유럽사 1

권재원 지음

다른

유럽의 병자에서
유럽의 리더로

독일

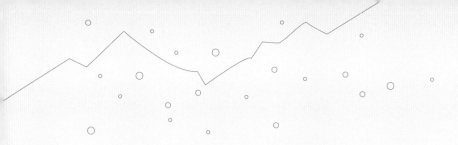

횃불처럼 뜨겁게
벨벳처럼 부드럽게

체코

다른 듯 닮은
중부 유럽 4국 이야기

유럽에 있는 나라들은 대체로 우리에게 익숙하다. 학생들에게 세계 여러 나라 이름을 대 보라 하면 이웃 나라인 중국과 일본 그리고 미국을 거쳐 유럽 나라 이름들이 나온다. 시간과 돈이 많이 들어 선뜻 떠날 수 없을 뿐 학생들이 가장 가고 싶어 하는 여행지도 단연 유럽이다. 이 책에서 다루는 독일, 오스트리아, 체코, 헝가리 역시 모두가 선망하는 대표적인 여행지다.

하지만 학교에서는 이 나라들에 대해 제대로 배울 기회가 별로 없다. 유럽사를 간략하게나마 짚고 가긴 하지만 영국, 프랑스, 이탈리아에 집중되어 있고, 그나마도 시민혁명과 산업혁명, 제국주의와 세계대전 이후에 출범한 유럽연합EU에 맞춰져 있다. 그렇다 보니 시민혁명과 산업혁명이 영국, 프랑스보다 늦었던 독일은 의외로 교과서에 잘 나오지 않는다. 그래서 학생들은 독일에 대해 전쟁, 파시즘, 근면하고 성실한 국민성 등 파편적인 지식만을 얻은 상태로 정규교육을 마치게 된다. 이 밖에는 자동차와 축구, 산업 기술 정도로 독일을 떠올리며, 40대 이상이라면 분단과 통일, 베를린장벽 정도를 덧붙일 수 있을 것이다.

이러한 파편적인 이해는 세계 3대 경제 단위인 유럽연합을 제대로 이해하지 못하게 만든다. 영국이 유럽연합을 탈퇴하려는 이른바 브렉시트Brexit의 강력한 동기 중 하나가 사실상 유럽연합이 독일의 가치, 독일의 이해관계에 따라 움직이는 것에 대한 불만일 정도로 독일은 유럽연합에서 지도적인 위치에 있다. '스스로 원하지 않았는데 패권 국가가 된 나라'라고 불리기도 한다.

유럽이 미국, 중국과 함께 세계의 중심축이라면 유럽의 중심축은 바로 독일이다. 독일을 알지 못하면 유럽을 알 수 없으며 유럽을 알지 못하면 세계의 3분의 1을 알 수 없다. 유럽은 단지 근사한 여행지만은 아니다.

아울러 독일 인근에 자리 잡은 여행지로 인기 높은 오스트리아, 체코, 헝가리도 함께 다루었다. 이 세 나라는 역사적으로 독일이었거나(오스트리아) 독일과 긍정적이든 부정적이든 밀접한 관계를 맺으며 성장한 나라들이다. 독일의 역사를 다루자면 이 세 나라의 역사를 이야기하지 않을 수 없고, 이 세 나라의 역사를 다루는 데 역시 독일의 역사를 이야기하지 않을 수 없다.

독일은 분단과 통일을 여러 차례 경험한 나라고, 체코와 헝가리는 독일(오스트리아제국), 러시아, 터키(오스만제국)라는 강국 사이에서 자주성을 유지하기 위해 끈기 있게 그리고 슬기롭게 싸워 온 나라들이다. 그런 점에서 이 나라들의 역사가 우리에게 던져 주는 교훈이 적지 않다. 타산지석他山之石이란 바로 이를 두고 하는 말일 것이다.

유럽의 병자에서
유럽의 리더로

독일

독일에 대한
오해

독일인은 알아듣지 못하는 이름

'독일獨逸'은 일본어다. 독일인은 알아듣지 못한다. 일본어지만 일본인도 알아듣지 못한다. 이 한자를 일본식으로 읽으면 '도이치'다. 바로 '도이칠란트Deutschland'에서 따온 것이다.

그런데 도이칠란트 역시 나라 이름이 아니다. 우리가 독일이라고 부르는 나라의 정식 이름은 '도이칠란트 연방공화국Bundes Republik Deutschland'이다. 즉 독일인들이 세운 여러 나라의 연합이다. 영어로도 역시 Federal Republic of Germany다. 저머니Germany라는 말은 고대 로마제국에서 독일인의 조상을 게르만German이라 불렀다는 데서 온 이름이다. 사실 네덜란드, 영국, 오스트리아, 스위스도 게르만족이지만 오늘날엔 오직 독일만 Germany라 부르며, 독일인만 German이라 부른다.

미국인이 United States of America를 줄여 부를 때 United States라고 하듯, 독일인도 도이칠란트를 생략하고 Bundes Republik이라고 부르는 경우가 많다.

원칙에 살고 원칙에 죽는 독일 병정?

'독일인' 하면 떠오르는 가장 전형적인 이미지는 큰 키에 금발, 파란 눈, 차갑고 무표정한 얼굴, 오직 명령과 원칙대로만 행동하는 딱딱하고 융통성 없는 사람일 것이다. 한마디로 각 잡힌 군인이다. 그래서 융통성 없는 사람을 일컬어 '독일 병정 같다'고 한다.

우리만 그런 선입견을 가지고 있는 게 아니다. 미국의 소설가 어니스트 헤밍웨이Ernest Hemingway가 쓴 소설《무기여 잘 있어라A Farewell to Arms》에서도 전투 기계같이 일사불란하고 무시무시한 독일군의 모습이 나온다. 독일 축구 대표팀도 '게르만 전차 군단'이라는 별칭으로 불린다.

이런 이미지 탓에 독일인 앞에서 미리 겁부터 먹는 경우도 있다. 독일인들은 정말로 매사에 딱딱하고 융통성 없는 사람들일까? 절반은 맞고 절반은 틀리다.

실제로 독일인은 법과 규칙을 매우 잘 지킨다. 학교, 회사, 관공서 등 독일의 거의 모든 조직은 각 구성원의 역할과 권한을 세세하게 정해 놓은 규정에 따라 움직인다. 이 규정은 모두 문서화되어 있으며 조금의 월권이나 위반도 용납하지 않는다. 독일의 교사, 경찰, 공무원은 일체의 변명도 듣지 않는 것으로 유명하다.

그런 반면 독일은 세계에서 두 번째로 맥주를 많이 마시는 나라이며 (1위는 체코), 국민 1인당 스포츠·예술 동아리 가입률과 문화·예술 지출률이 제일 높은 나라다(2017년 기준). 해외여행도 제일 많이 다닌다. 물론 독일인들이 개미처럼 근면하고 성실하게 일하는 사람들인 건 사실이지만 근무시간이 끝나면 세상에서 제일 잘 논다.

투박하고 멋이 없는 사람들?

유럽의 오래된 농담 중에 '영국인이 요리를 하고, 프랑스인이 질서를 유지하고, 이탈리아인이 건설을 하고, 독일인이 농담을 한다면 그곳이 바로 지옥'이라는 말이 있다. '독일인은 재미없다'는 '영국 음식은 맛이 없다'만큼이나 뿌리 깊은 선입견이다.

실제로 독일인은 지나치게 진지하며 멋을 내는 일에 소홀하다. 그렇다고 독일이 무미건조하기만 한 나라는 아니다. 개개인은 소박하고 검소하게 살아도 나라 전체의 예술적 수준은 높고 디자인 경쟁력도 늘 상위권에 들어간다. 흔히 프랑스나 이탈리아를 패션의 나라라고 하는데 독일의 패션 산업 역시 만만치 않게 강하다.

제조업 강국, 선진국 이미지가 강하지만 실제로 독일 국토의 대부분은 현대화된 도시나 산업 단지가 아니라 산, 숲, 강, 오래된 시골 마을들이다. 독일은 통일국가로서의 역사가 짧고 오랜 기간 수십 개의 나라로 나눠져 있던 탓에 군주도 수십 명, 궁전도 수십 개씩 있었다. 또 이 수십 명의 군주들이 문화·예술 후원자로 경쟁했기 때문에 문화유산이 다른 나라들처럼 수도에만 집중되어 있지 않고 전국 방방곡곡에 골고루 흩어져 있다. 유럽 제일의 선진국이라는 위상과 반대로 많은 유럽인과 미국인이 중세 분위기를 느낄 수 있는 '복고풍' 여행을 위해 독일을 찾는다.

독일의
이모저모

유럽의 중심부에 위치한 국토

독일은 유럽의 가운데, 즉 동서로는 서유럽과 중부 유럽 사이, 남북으로는 북유럽과 남유럽 사이에 위치하고 있다. 북위 45도에서 55도 사이, 동경 5도에서 15도 사이에 있어 우리나라보다 8시간이 늦다.

독일의 영토는 모두 35만 7,021제곱킬로미터로 한반도의 1.5배, 대한민국의 4배 정도 된다. 남북으로는 800킬로미터가 넘고 동서로는 600킬로미터가 넘는 생각보다 큰 나라다. 이 안에 8,000만 명 정도의 인구가 살고 있다. 러시아를 제외하면 유럽에서 인구가 가장 많은 나라다.

독일의 영토는 역사적으로 여러 차례 바뀌었다. 현재 영토는 두 차례의 세계대전을 통해 많이 축소된 것으로, 오늘날 이탈리아와 폴란드, 체코의 영토 일부가 과거 독일의 영토였다. 그곳에 남은 독일인들은 현지인에 동화되거나 현지에서 독일어를 쓰며 살아가고 있다.

남쪽이 북쪽보다 더 추운 기후

독일은 만주 벌판이나 연해주와 비슷한 위도상에 위치해 있어 아주 추워야 하지만 편서풍과 난류의 영향으로 오히려 우리나라보다 따뜻하다. 겨울에는 영하로 내려가는 날도 있지만 우리나라처럼 영하 10도 이하로 내려가는 날은 많지 않고, 여름 한낮에는 25도 가까이 올라가더라도 30도 이상 올라가는 날은 많지 않다. 독일은 북쪽이 낮고 남쪽이 높은 산악 지대라 상식과는 반대로 북쪽보다 남쪽이 더 춥다. 강수량은 연 500밀리미터 정도로 우리나라의 절반 수준이지만 1년 내내 골고루 내리기 때문에 오히려 우리나라보다 축축하게 느껴진다. 하지만 최근 들어 기상 이변이 자주 나타나 여름에 폭염과 폭우가 이어지거나 겨울에 이상 한파와 함께 폭설이 내리기도 한다.

지형을 살펴보면 남부 지역은 험준한 알프스산맥이 자리 잡고 있으며 중동부 지역은 낮은 산지를 이루고 있지만 그 외의 지역은 대부분 평야를 이루고 있다. 하지만 토양이 비옥한 편이 아니라 농사가 잘되는 지역은 아니다.

강력한 자치권을 보장하는 연방국가

독일은 연방국가이기 때문에 철저하게 지방분권이 이루어지는 나라다. 각 지방은 자치권을 가진 연방주Bundesland와 자유주Freistaat('자유국'으로 번역할 수도 있다)로 이루어져 있다. 연방주와 자유주를 합하면 모두 16개인데 이 중 수도 베를린Berlin과 대도시인 함부르크Hamburg, 브레멘Bremen은 도시 자체가 하나의 주다.

독일의 연방주와 자유주는 우리나라의 광역시나 도와 그 성격이 다르다. 한 나라를 여럿으로 나눈 행정구역이 아니라 원래 여럿이었던 나라들이 하나의 나라로 합쳐진 것이 독일이다. 그나마 16개는 꽤 많이 정리된 것이다. 17세기 후반 독일은 300개가 넘는 영방국가Territorialstaat가

난립해 있는 지역이었다. 이들은 각자 군대도 보유하고 다른 나라와 외교 관계도 맺었다.

독일 전래 동화에 이웃 나라 왕자, 이웃 나라 공주가 그토록 많은 까닭도 이와 무관하지 않다. 수많은 나라가 난립해 있었으니 왕자와 공주 역시 많았을 것이다. 이 영방국가들은 프로이센, 오스트리아, 바이에른과 같이 영국과 프랑스 등 유럽의 다른 나라와 비교해도 손색없는 큰 나라에서부터 바이마르, 브레멘, 함부르크 같은 도시국가까지 규모도 천차만별이었다.

이렇게 300년 이상을 독립국가처럼 지내던 지역들이 통일된 지 약 150년에 불과한 데다가 제2차 세계대전 이후 50년간 동독과 서독으로 분단되기까지 했으니 실제로 '독일'이라는 온전한 나라가 존재한 시간은 30년밖에 되지 않는다. 더구나 두 차례의 세계대전으로 엄청난 고통을 겪은 독일 국민은 베를린 정부의 결정에 의구심부터 가지는 경향이 있고 중앙집권과 국가주의에 대한 본능적인 반감을 가지고 있다. 이 때문에 독일에는 각 지역의 행사와 기념일은 있어도 국경일은 없다. 강력한 중앙집권국가를 지향하는 프랑스와 대비된다.

그래서 독일은 지금도 각 지역 간의 차이가 크고 지방정부의 권한이 강하며 국민의 소속감도 국가보다 주州가 우선인 경우가 많다. 독일인의 이러한 특색을 가리켜 '먼저 주민, 그다음 국민'이라고 한다. 만약 독일인에게 "어디서 오셨습니까?" 하고 물어보면 '바이에른', '하노버', '베를린' 같은 지역명으로 대답할 가능성이 크다. '독일'이라는 대답을 들으려면 "국적이 무엇입니까?" 하고 물어야 한다.

● 연방주

● ● ● 자유주

1	슐레스비히홀슈타인주	9	노르트라인베스트팔렌주
2	메클렌부르크포어포메른주	10	라인란트팔츠주
3	브레멘주	11	헤센주
4	함부르크주	12	튀링겐주
5	니더작센주	13	작센주
6	작센안할트주	14	자를란트주
7	베를린	15	바덴뷔르템베르크주
8	브란덴부르크주	16	바이에른주

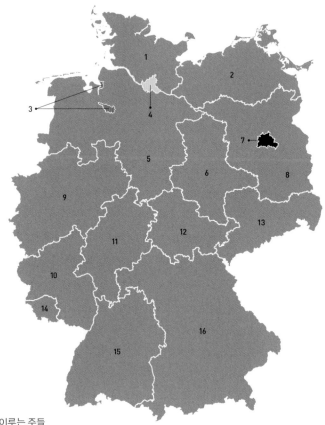

독일연방을 이루는 주들

특히 뮌헨München을 주도州都로 하는 바이에른주Bayern의 독자성이 제일 강하다. 바이에른 주민은 베를린 정부에 무관심하고 다른 지역에 대해서도 배타적이다. 나라 이름을 '독일과 바이에른 연방공화국'으로 바꾸어야 한다는 농담이 나돌 정도다.

이 중 몇몇 중요한 주들을 소개한다.

● 노르트라인베스트팔렌주Nrodrhein-Westfalen

서울과 그 주변이 가장 중심 지역인 우리나라와는 달리 독일은 수도 베를린에서 멀찍이 떨어져 있는 노르트라인베스트팔렌주가 핵심 지역이다. 면적은 독일 전체의 10퍼센트 정도지만 독일 전체 인구의 20퍼센트, 독일 전체 국내총생산GDP의 21퍼센트 이상을 감당하는 지역이다. 즉 독일에서 인구와 산업 시설이 가장 많은 곳이다. 독일의 주요 도시들도 이 지역에 몰려 있다. 주도인 뒤셀도르프Düsseldorf를 비롯해 도르트문트Dortmund, 쾰른Köln, 한때 서독의 수도였던 본Bonn, 레버쿠젠Leverkusen 등이 줄줄이 붙어 있다.

● 바덴뷔르템베르크주Baden-Wurtenberg

독일에서 자연경관이 가장 아름다운 지역이다. 세계 최대의 삼림욕장이라 할 수 있는 광활한 슈바르츠발트Schwarzwald가 자리 잡고 있으며 알프스산맥에서 비롯된 산악 지역이 서서히 고도를 낮춰 가는 구릉지대에 라인강Rhein이 흐르면서 강과 산, 숲과 호수가 어우러진 절경을 이루고 있다. 이 절경 사이사이에 오래된 중세 성들이 자리 잡고 있어 마치 동화

의 한 장면 같은 경관을 자랑하기도 한다. 인접한 바이에른주에서 라인
란트팔츠주를 거쳐 바덴뷔르템베르크주로 이어지는 이른바 로맨틱 가도
Romantische Straße는 자연경관과 중세 성곽을 즐길 수 있는 대표적인 관광
코스다. 덕분에 해마다 여름 휴가철이면 유럽 각지에서 찾아온 여행객들
의 자동차가 이리로 몰려들어 아수라장이 된다.

● 바이에른주Bayern

　노르트라인베스트팔렌주가 제2차 산업혁명 시기까지의 중심지였다
면 바이에른주는 제3차 산업혁명 이후 독일 경제의 중심지로 새롭게 뜨
는 지역이다. 독일 국내총생산의 20퍼센트 이상을 감당하고 있으며 독일
영토의 20퍼센트를 차지하는 이 지역에 전체 인구의 16퍼센트 정도가
몰려 있다. 면적은 노르트라인베스트팔렌보다 크고 총생산은 거의 같으
면서 인구는 훨씬 적다. 즉 독일에서 소득수준이 가장 높은 지역이라는
뜻이다.

　그래서 이 지역은 생활수준이 높고 문화적으로도 발달해 있으며 가
장 보수적인 지역이기도 하다. 생활수준이 높기 때문에 특별히 정부에
바라는 것이 많지 않고 다만 현상 유지를 희망하는 경향이 강한 것이다.
그래서 베를린 정부에 대해 별로 관심이 없다. 어찌나 보수적인지 바이에
른주 뮌헨이 우리나라 평창과 동계 올림픽 개최지를 놓고 경합할 때 주
민들의 반대가 높아서 탈락했다. 지역 경제 활성화는 더 이상 필요 없으
니 올림픽이랍시고 주변을 시끄럽게 하지 말자는 목소리가 더 높았던 것
이다.

● 함부르크주Hamburg

함부르크는 역사가 오래된 도시다. 중세 때부터 중요한 교역 항구로 번영했고 이탈리아의 베네치아Venezia나 제노바Genova처럼 영주 또는 군주의 간섭을 받지 않는 자유도시였다. 오늘날에도 독일의 관문 역할을 하는 최대 항구이며 독일 금융의 허브Hub 도시로서, 미국으로 치면 뉴욕에 해당되는 도시다. 독일에서 1인당 소득이 제일 높은 주이기도 하다. 바이에른주의 소득도 높기는 하지만 농어촌 마을 없는 대도시 함부르크가 더 높을 수밖에 없다.

● 베를린Berlin

베를린은 독일의 수도다. 하지만 그 위상은 우리나라의 서울이나 일본의 도쿄만 못하다. 독일 도시 중에서 베를린의 인구수가 가장 많기는 하지만 360만 명 정도로 전체 인구의 5퍼센트에 불과하다. 전체 인구의 20퍼센트가 몰려 사는 서울, 도쿄와는 비교할 수 없다. 소득수준도 딱히 높지 않아 노르트라인베스트팔렌주의 쾰른, 바덴뷔르템베르크주의 슈투트가르트Stuttgart, 바이에른주의 뮌헨, 헤센주Hessen의 프랑크푸르트Frankfurt, 함부르크 등 독일의 주요 도시(뮌헨과 함부르크가 월등하다)는 물론 독일 전체 평균보다도 뒤떨어진다. 수도 체면이 말이 아니다.

이는 독일이 중앙집권국가가 아니라 지방분권국가이기 때문이다. 영국의 런던이나 프랑스의 파리가 블랙홀처럼 다른 지역의 산업, 문화 인프라와 인구를 빨아들인 것과는 달리 독일은 각 지역마다 중심 도시들이 따로 있다. 그중 베를린은 행정상의 연방수도일 뿐이다. 연방정부와 연방의회가 있는 곳일 뿐 독일의 중심이 아니다. 다만 베를린은 뮌헨이나 함부르크 같은 도시보다 물가와 임대료가 저렴하고 동서 냉전시대에 자유 서방세계의 쇼윈도 역할(서베를린)을 했기 때문에 유럽에서 가장 자유분방한 도시 중 하나가 되었다. 그래서 수도로서의 관료적이고 권위적인 분위기 대신 젊은 예술가들이 모여든 이른바 힙한 도시다. 현재 베를린은 인구 대비 예술가 비율이 세계에서 가장 높은 도시다.

자율성과 합리성이 강조된 정치제도

연방국가인 독일의 정부는 연방대통령, 연방의회, 연방총리로 이루어지는 연방정부, 주의회와 주총리로 이루어지는 주정부로 구성된다.

연방대통령은 헌법상의 국가원수다. 직접선거로 선출하지 않고 연방의원과 그와 같은 수로 구성된 각 주 대표가 모인 연방의회에서 선출한다. 다만 연방대통령은 영국이나 일본 같은 입헌군주국가에서의 왕의 역할을 할 뿐이며 실질적인 최고 책임자는 연방총리다.

연방총리는 국민에 의해 직접선거로 선출되는 연방의회에서 선출한다. 다수당에서 낸 후보가 당선되는데, 과반 이상의 의석을 차지한 정당이 없을 경우에는 몇몇 정당이 연합해 총리를 선출하는 연립정부를 세운다. 연방총리는 장관들을 임명해 내각을 구성하고 이 내각이 행정부를 책임진다. 여기까지는 영국, 일본 등 전형적인 의원내각제와 비슷하다.

독일의 의원 선거는 매우 복잡한 방식으로 이루어진다. 이는 많은 득표를 하고도 아쉽게 낙선한 후보에게로 간 표를 최대한 살려 의회가 유권자의 뜻에 맞게 구성되도록 하기 위해서다. 독일 연방의회의 정원은 598명으로 되어 있지만 실제로는 이보다 더 많은 의원이 당선된다.

독일 연방의회 선거 역시 우리나라와 마찬가지로 각 지역구별 후보자에게 한 표, 정당에게 한 표, 총 두 장을 투표함에 넣는다. 지역구 의원 선출은 우리나라와 마찬가지로 각 지역구별 최다 득표자 총 299명이 당선된다.

정당 비례대표 의원 선출부터 복잡해진다. 일단 독일의 비례대표는 전국구가 아니라 지역구다. 각 주별로 지역구 의원과 같은 수의 비례대표 의석을 정해 둔다. 그런데 정당 투표 결과에 따라 이 비례대표 의석을 분배하는 것이 아니라 지역구 의원과 비례대표 의원을 합친 의석수를 분배한다.

이를테면 어떤 주에 지역구가 50개라면 비례대표 역시 50개가 할당되어 총 의석수는 100개가 된다. 정당 투표 결과 정당 A, B, C, D당이 각 40퍼센트, 30퍼센트, 20퍼센트, 10퍼센트의 득표율을 얻었다고 하자. 그럼 이 주에서 네 정당이 가져갈 수 있는 의석은 40석, 30석, 20석, 10석이 된다. 그런데 이 네 당이 지역구에서 확보한 의석이 각 35석, 10석, 4석, 1석이라고 하면 A당은 비례대표 의석을 5석만 가져갈 수 있다. 그리고 B당이 20석, C당이 16석, D당이 9석을 가져가서 합계 40석, 30석, 20석, 10석을 만든다.

그런데 만약 A당이 이 주의 45개 지역구에서 승리했다면? A당의 비례대표가 0석이 되는 건 당연한데 지역구 당선자 5명을 어떻게 처리하느냐 하는 문제가 남는다. 그렇다고 정당 지지율을 넘어가는 당선자를 강제로 낙선시킬 수 없기 때문에 이를 모두 인정할 수밖에 없다. 따라서 이주에서는 정원 100명을 초과하는 105명의 의원이 당선된다.

이렇게 발생하는 문제를 '초과의석Überhangmandat'이라고 한다. 꼼꼼한 독일인들은 이걸 절대 그냥 두고 보지 않았다. 그래서 초과의석을 가져간 당의 의석 비율이 지지율과 같아질 때까지 비례대표 의석을 늘려서 소수당에게 더 많은 의석을 배분한다. 이를 '보정의석Ausgleichsmandate'이라고 한다. 앞의 예를 보면 A당은 105석 중 45석을 가져갔기 때문에 자기 지지율보다 높은 42.85퍼센트의 의석을 차지하게 되었다. 만약 비례대표 8석을 추가하면 A당의 45석이 전체 의석의 39.8퍼센트가 된다. 따라서 이 8석을 B, C, D당에게 4석, 3석, 2석씩 추가해 최종 45석, 34석, 23석, 12석으로 총 113명의 의원을 당선자로 확정한다.

이렇게 초과의석에 보정의석까지 추가되기 때문에 독일 연방의회는 언제나 598명보다 많은 의원들로 구성될 수밖에 없다. 복잡하긴 하지만 의회가 국민의 뜻을 조금이라도 더 반영할 수 있도록 애쓴다는 점에서 인상적인 제도다. 그래서 독일에서는 일본 자유인민당 같은 특정 정당이 독주하는 경우를 거의 볼 수 없다.

한편 연방의회와 연방정부가 너무 큰 힘을 가지지 않도록 각 주가 이를 견제하는 제도도 있는데 바로 연방평의회Bundesrat(참사원, 추밀원, 상원 등 여러 말로 번역되고 있음)다. 연방평의회는 각 주의 대표로 구성된 곳이며 각 주의 규모에 따라 3~7명씩의 의석이 할당된다. 그런데 미국의 상원의원이나 일본의 참의원과 달리 주민 선거로 뽑지 않고 각 주정부나 주의회에서 대표를 파견한다. 따라서 각 주의 고위 공무원들 간의 협의체에 가깝다. 이 기구는 연방정부가 각 주에 일방적으로 희생이나 피해를 전가하지 못하도록 하고 각 주들 간의 협력과 협의를 이끌어 내는 것을 목적으로 한다.

또 의원내각제의 가장 큰 단점인 의회 다수파의 횡포도 쉽지 않다. 의회 과반이 내각불신임을 하면 즉각 총리와 장관들이 물러나야 하는 영국, 일본과 달리 독일에서는 먼저 차기 총리를 과반 이상의 찬성으로 선임한 다음에야 현 총리에 대한 불신임을 할 수 있다. 따라서 각 정당의 이합집산에 따라 과반수를 이루는 연합이 바뀐다고 즉시 총리 해임이나 내각 해산으로 이어지지 않으며 총리 공석 사태도 발생하지 않는다.

독일은 연방국가답게 연방정부와 각 주의 입법권, 행정권의 권한을 분명하게 나누어 놓았다. 연방정부는 각 주의 범위를 넘어 국민 전체 생활에 영향을 주는 외교와 국방 그리고 전체적인 산업과 금융 정책을 담당하고, 각 주정부는 생활에 직접 영향을 주는 치안, 종교, 교육 등의 영역을 담당한다. 따라서 각 주의회는 국회가 정한 법률의 하위 규정인 조례를 제정하는 곳이 아니라 연방법이 관할하지 않는 고유한 영역의 법률을 제정하는 곳이다. 이를테면 교육이 그렇다. 독일에서 교육은 연방이 아니라 주가 관할하기 때문에 주마다 교육법과 교육부 장관이 따로 있다.

그렇다고 각 주에 저마다 다른 제도가 난립해 나라가 제멋대로 돌아가지는 않는다. 각 주가 마치 약속이라도 한 것처럼 서로 비슷비슷한 법과 제도를 만들어 운영한다. 주마다 교육법이 다 따로 있어도 '독일의 교육제도'라고 불러도 무방할 정도로 각 주의 교육제도는 거의 같다. 이는 주에서 제도를 만들고 법률을 만들 때 자기네 입장만 생각하는 것이 아니라 다른 주와의 관계, 연방과의 관계도 긴밀하게 고려하기 때문이다. 독일인은 이렇게 자율권을 가지고 있으면서도 합리적인 조정을 할 수 있는 정치제도를 상당히 중요하게 생각한다.

탄탄한 기술력을 기반으로 한 경제 대국

독일은 경제 대국이다. 독일의 국내총생산은 2018년 기준, 4조 달러에 이르러 우리나라의 3배가 넘고, 1인당 국내총생산은 4만 8,264달러, 구매력평가PPP는 5만 2,558달러에 이른다. 실업률은 3.4퍼센트로 거의 완전고용에 가까워 다른 유럽 나라들의 사정과는 딴판이며, 수출은 1조 4,340억 달러, 수입은 1조 1,350억 달러로 무려 3,000억 달러의 흑자를 기록해 3년 연속 세계에서 무역 흑자를 제일 많이 거둔 나라다(2위는 일본, 3위는 네덜란드). 유럽연합 31개국의 경상수지 흑자의 3분의 2 이상이 독일 몫이며 나머지를 네덜란드와 아일랜드 등이 나눠 가지는 상황이다.

유럽연합 경제가 사실상 독일 경제에 매달린 것이나 마찬가지다. 독일 경제의 이런 강세는 튼튼한 제조업에서 나온다. 독일은 전통적으로 기술자가 우대받는 나라고 훌륭한 기술을 가업으로 이어 온 강소기업들이 탄탄한 기반을 이루고 있는 나라다. 그렇다고 금융, 정보통신 등 21세기 신 산업 분야에 뒤떨어진 것도 아니다. 또 다른 미래형 산업인 친환경 분야에서도 강점이 있다.

독일이 특히 강세를 보이는 분야는 자동차, 철강, 광학, 정밀기계, 의료기계, 제약 등이다. 특히 다임러, 폭스바겐, BMW 등의 기업을 앞세운 자동차 분야는 일본과 함께 세계시장을 장악하고 있으며 지멘스, 밀레, 보쉬 등의 기업을 앞세운 각종 정밀기계와 의료기계 그리고 자이스, 라이카 같은 기업을 보유한 광학 분야는 독보적이다. 거의 모든 분야에서 독일제는 믿을 수 있는 고급 제품 이미지가 강해 다른 나라 제품보다 가격이 비싸게 형성되는 경향이 있다.

성적보다 적성이 우선인 교육

독일은 독특한 교육제도로 유명하다. 우리나라 문화에서는 조금 낯설게 느껴지기도 하는 독일 교육은 학생의 적성, 능력, 소질에 따라 철저히 분리된 학제를 운영한다.

모든 학생을 대상으로 하는 보통교육은 유치원Kindergarten과 초등학교Grundschule를 포함한 5년뿐이다. 초등학교를 마친 학생들은 대학 진학을 목표로 하는 9년제의 김나지움Gymnasium, 직업교육을 받고 취업을 목적으로 하는 5년제의 하우프트슐레Hauptschule, 그 중간쯤에 위치한 6년제의 레알슐레Realschule로 나뉜다. 이는 학생의 희망이 아니라 초등학교 담임교사의 판단에 의해 냉정하게 분류된다.

한때 학생들의 진학 비율이 김나지움에 10퍼센트, 레알슐레에 30퍼센트, 하우프트슐레에 60퍼센트 정도를 유지하면서 실업교육 중심의 독일 교육으로 유명했다. 물론 어린 학생들이 교사에 의해 정해진 진로를 따라야만 하는 점에 대한 비판적인 시선도 강했다. 특히 정보화사회에 이르러 대졸자와 고졸자 사이의 임금격차가 커지면서 김나지움에 진학하는 학생 비율이 40퍼센트까지 늘어나고, 하우프트슐레가 저소득층과 이주 노동자 자녀들이나 가는 학교로 전락하는 등 많은 문제점이 발생했다. 따라서 최근에는 하우프트슐레를 폐지해 레알슐레와 통합하거나 기존의 분리형 학제를 포기하고 중등학교로 통합하는 주들이 늘어나는 추세다.

독일의 대학은 모두 주립 대학이며 학비가 무료고 서열화되어 있지 않아 명문과 비명문의 구별이 없는 것으로도 유명하다. 실제로 독일 고등학생들은 대학입학자격시험Abitur에 응시해 합격하면 아무 대학에나 원서를 넣어 진학할 수 있고 다른 대학으로 전학할 수도 있다. 이 시험은 합격과 불합격만 판정하며 점수로 줄 세우기를 하지도 않는다. 예외로 의과대학만 점수에 따라 학생을 선발하는데, 최근 들어 경쟁이 치열해지면서 독일에는 입시 경쟁이 없다는 말도 옛말이 되었다.

합리적이고 보수적인 문화

● **철저한 계획**

독일의 문화는 실용적이다. 그래서 독일인은 복잡한 인사치레나 형식, 장식 같은 것을 따지지 않는다. 독일은 겸손과 배려보다는 솔직함과 자신감을 더 높이 평가하는 문화라 대체로 직설적이고 비판적이며 꾸미거나 돌려 말하는 법이 없다.

그만큼 독일인은 정확한 것을 좋아한다. 매사를 철저히 계획해 반드시 완수하며 계획에 없는 것은 하지 않으려는 경향이 강하다. 손님을 응대하는 직원이나 공무원이 가장 많이 하는 말 중 하나가 "죄송합니다만 규정에 없습니다"일 것이다.

따라서 독일인은 소비 역시 계획적으로 하며 불필요한 소비를 잘 하지 않는다. 빚지거나 외상을 쓰는 것도 계획 없는 상황이기 때문에 아주 싫어한다. 그래서 신용카드도 우리만큼 널리 쓰지 않는다.

이런 독일인이 영국인이나 프랑스인의 눈에는 지나치게 걱정 많은 사람으로 보인다. 본격적으로 일을 진행하기에 앞서 온갖 문제 상황을 예상해 계획을 세우고, 그 계획에 대한 확신이 생겨야 비로소 실행에 들어가기 때문이다.

프랑스에는 "독일인은 걱정할 게 하나도 없다면 왜 걱정거리가 없는지를 걱정하기 시작한다"라며 비꼬는 말까지 있다. 확실히 독일인은 유럽의 다른 나라 사람들에 비해 대체로 보수적이긴 하지만 일단 새로운 시도를 하기로 결정하면 어지간해서는 뒤돌아보지 않는다.

● **경계는 분명하게**

또한 독일인은 선을 긋고 구분하는 것을 좋아한다. 그래서 하루 24시간을 철저히 나누어 계획대로 생활한다. 시간도 오전, 오후로 나누지 않고 24시간제만 사용한다.

독일인의 하루는 정해진 시간표에 따라 빈틈없이 흘러간다. 회사나 학교가 대부분 8시 전에 일과를 시작하기 때문에 독일인의 아침은 5시경에 시작된다. 13시 쯤이면 초등학생은 물론 고등학생까지 일과를 마치고, 직장인들도 점심시간이 두 시간 정도기 때문에 집에 가서 가족이 같이 점심을 먹는다. 퇴근은 보통 16~17시 정도다. 하루에 출근도 두 번, 퇴근도 두 번이다.

정해진 시간에는 오직 정해진 일만 한다. 업무 시간에는 답답할 정도로 업무에 집중하지만 업무 시간이 1초라도 지나면 업무와 관련된 생각조차 하지 않는다. 철저히 사적인 시간인 것이다.

직장인뿐 아니라 자영업자도 마찬가지라서 일부 매장을 제외하면 18시 30분에 대부분의 가게가 문을 닫는다. 만약 18시 20분이 지나 매장에 들어가면 어떤 직원도 안내해 주지 않을 것이며 오히려 싸늘한 눈초리로 쳐다볼 것이다.

공간도 철저히 구획한다. 독일인은 집, 책상, 사무실의 각 구역을 나누어 용도를 정해 놓고 사용한다. 집 안에도 사적인 구역과 공적인 구역이 있다. 손님을 초대해도 딱 공개된 구역만 안내하며 다른 구역은 문을 닫아 둔다.

인간관계에도 선이 있다. 친구, 친밀한 그룹, 지인, 타인 등으로 구분한 뒤 그에 걸맞은 태도로 상대를 대한다. '친구'라는 표현은 아주 가까운 사이가 아니면 쓰지 않는 말이라 독일에서 누군가를 '친구'라고 소개했다가는 큰 오해를 받을 수 있다. 독일의 시인 프리드리히 실러Friedrich Schiller가 말했듯이 독일인에게 친구란 한 손으로 셀 수 있는 정도만 있다.

친구나 친밀한 그룹이 아닌 이상 독일인이 자기 집으로 초대할 일은 거의 없다. 독일인에게 집은 철저히 사적인 공간이며 성채다. 또한 별로 친하지 않은데 선물을 한다면 뇌물로 오해할 수 있다. 업무상 관계라면 일을 잘하는 것이 제일 훌륭한 선물이다.

● 과학과 예술의 나라

독일은 과학 강국이다. 독일 출신 노벨상 수상자는 무려 107명으로, 미국과 영국 다음으로 많은데 문학상이나 평화상이 아닌 물리학, 화학, 의학 등 과학 분야에 집중되어 있다. 막스 플랑크Max Planck, 베르너 하이젠베르크Werner Karl Heisenberg, 카를 보슈Carl Bosch 등 과학사에 굵은 획을 그은 과학자들을 배출했으며 지금도 막스 플랑크 연구소, 프라운호퍼 연구소 등 세계적인 연구소에서 활발한 과학 연구가 진행되고 있다.

과학에 비해 문학 쪽은 상대적으로 뒤떨어지는 편이지만 어디까지나 과학이 워낙 앞서 있어 상대적으로 그럴 뿐이다. 19세기의 대문호 요한 볼프강 폰 괴테Johann Wolfgang von Goethe, 프리드리히 실러, 하인리히 하이네Heinrich Heine는 물론 20세기 이후에도 토마스 만Thomas Mann, 헤르만 헤세Hermann Hesse, 귄터 그라스Gunter Grass, 라이너 마리아 릴케Rainer Maria Rilke 등 이름만 들어도 알 수 있는 유명한 작가와 시인이 즐비하다.

또 독일은 철학의 나라이기도 하다. 서양 근대 철학의 완성자라 불리는 이마누엘 칸트Immanuel Kant, 세계사적 변화를 일으킨 게오르크 빌헬름 프리드리히 헤겔Georg Wilhelm Friedrich Hegel, 카를 마르크스Karl Marx, 현대 생철학과 실존철학의 선구자들인 아르투르 쇼펜하우어Arthur Schopenhauer, 프리드리히 니체Friedrich Nietzsche, 카를 야스퍼스Karl Jaspers, 마르틴 하이데거Martin Heidegger, 비판이론의 선구자들인 한나 아렌트Hannah Arendt, 테오도어 비젠그룬트 아도르노Theodor Wiesengrund Adorno, 위르겐 하버마스Jurgen Habermas 등 18세기 이후 독일 철학의 역사가 곧 서양 철학의 역사라고 해도 과언이 아니다.

베를린 국립 오페라극장

하지만 무엇보다 독일의 문화, 예술을 빛내는 분야는 공연 예술이다. 특히 독일은 오스트리아와 함께(어차피 같은 민족) 클래식 음악의 종주국이나 다름없는 위상을 차지하고 있다.

요한 제바스티안 바흐Johann Sebastian Bach, 게오르크 프리드리히 헨델 Georg Friedrich Händel, 루트비히 판 베토벤Ludwig van Beethoven, 로베르트 알렉산더 슈만Robert Alexander Schumann, 펠릭스 멘델스존Felix Mendelssohn, 요하네스 브람스Johannes Brahms 등 독일 출신 작곡가의 이름을 나열하면 그대로 유럽 음악사 목차가 될 정도다. 이러한 전통은 지금까지도 내려와서 독일의 클래식 음악은 수준이 매우 높을 뿐 아니라 공연도 활발하게 이루어지고 있으며 공연 예술 인프라 역시 놀라울 정도로 풍부하다. 오페라를 공연할 수 있는 극장만 전국에 150개 이상이 있다. 베를린에는 세계적인 오페라 하우스만 네 개(베를린 국립 오페라극장Staatsoper Unter den Linden, 베를린 도이치 오페라극장Deutsche Oper Berlin, 베를린 코믹 오페라극장Komische Oper Berlin, 베를린 국립 발레극장Staatsballet Berlin), 세계적인 클래식 공연장 두 개(베를린 필하모니Berliner Philharmonie, 베를린 콘체르트하우스Konzerthaus Berlin)를 보유하고 있으며, 웬만한 지방 도시들도 모두 오페라하우스와 클래식 공연장을 가지고 있다.

소박하고 간편한 독일 음식

독일은 자랑할 만한 음식 문화가 발달하지 않았다. 그래도 영국처럼 전통 음식에 대해 자학해야 하는 수준은 아니지만 프랑스나 이탈리아에 비하면 확실히 빈약하다.

독일의 정찬은 저녁이 아니라 점심이다. 워낙에 일찍 자고 일찍 일어나는 문화다 보니 자기 전에 많이 먹으면 숙면에 도움이 안 된다고 생각하기 때문이다. 그래서 레스토랑도 점심 메뉴가 가장 본격적이다. 우리나라에서는 주로 점심은 가벼운 메뉴를 취급하고 저녁에 정찬 메뉴를 판매하지만 독일 레스토랑은 14시 이후에 불을 사용하는 요리 자체를 팔지 않거나 18시에 아예 가게 문을 닫는 곳도 많다. 최근에는 영미권 문화의 영향으로 저녁을 무겁게 먹는 경우도 늘어나고는 있다.

자, 그럼 독일 레스토랑에서 뭘 먹을까?

● 슈니첼Schnitzel

독일의 국민 요리다. 독일뿐 아니라 독일 민족의 활동 무대였던 오스트리아, 체코, 헝가리 등에서도 쉽게 만날 수 있다. 돈가스와 비슷한 요리라고 생각하면 된다. 다만 돼지고기뿐 아니라 쇠고기나 닭고기를 사용하기도 하고, 튀김옷이 두툼하게 들어간 일본식 돈가스와 달리 얇고 바삭하게 조리한다. 여기에 감자와 잼 등을 곁들여 먹는다.

● 슈바인스학세Schweinshaxe

우리나라의 족발과 비슷한 요리다. 돼지 정강이에서 발목까지의 부위를 굽거나 훈제한다. 만약 굽거나 훈제하지 않고 삶거나 찌면 아이스바인Eisbein이라고 한다.

● 굴라쉬Goulasch

얼큰한 맛의 고기 수프다. 원래 헝가리 음식이지만 독일, 오스트리아, 체코뿐 아니라 러시아까지도 널리 퍼져 있다.

● 슈패츨러Spätzle

독일식 파스타다. 밀가루와 계란을 섞은 반죽으로 만든다. 우리나라의 올챙이 수제비와 비슷하게 생겼다. 이 파스타를 퐁듀처럼 뜨거운 치즈 국물에 익혀 먹는 경우가 많다.

● 소시지|Wurst

독일은 소시지의 원산지나 다름없는 곳이다. 소시지 종류만도 수십 가지고 각 지역마다, 심지어 집안마다 고유한 소시지 조리법이 있다. 우리는 흔히 소시지를 술안주나 간식으로 먹지만 독일에서는 든든한 한 끼 식사로 먹는다. 양배추를 발효시켜 만든 독일식 김치 사워크라우트 sauerkraut와 밥에 해당되는 감자를 곁들여 먹는다.

● 맥주Bier

독일의 맥주 사랑은 유별나서 맥주 맛을 지키기 위해 '맥주순수령 Reinheitsgebot'이라는 법령까지 제정했을 정도다. 이 법령에 따르면 보리, 밀, 홉, 효모 이외의 재료가 들어간 맥주는 생산이 금지되어 있다. 무려 1487년에 만들어진 법령이지만 여전히 지켜지고 있다. 1988년, 유럽사법재판소가 폐지를 권고했으나 수입산 맥주에 한해 폐지되었고 독일산 맥주는

위: 슈바인스학세
아래: 슈패츨러

여전히 이 법을 지킨다. 그리고 독일인은 수입산 맥주를 거의 마시지 않는다.

독일의 맥주 회사는 작은 규모의 양조장까지 합치면 1,300개가 넘는다. 이 중 절반 가까이가 바이에른주에 몰려 있으며 해마다 9월 중순에 시작해 10월 첫째 일요일에 끝나는 뮌헨의 옥토버페스트Octoberfest는 저마다의 솜씨를 뽐내는 세계 최대의 맥주 축제다.

● 빵

요리는 단조로워도 빵만큼은 다르다. 독일의 제과, 제빵은 세계 최고 수준이다. 한때는 우리나라에도 '독일빵집', '서독제과' 같은 간판을 내건 동네 빵집들이 많았다. 레스토랑에서 몇 안 되는 음식 종류에 놀란다면 빵집에서는 빵 종류가 너무 많아 놀란다. 이 중 세계에 널리 알려진 독일 빵을 꼽아 보면 '프레즐'이라는 이름으로 알려진 브레첼Brezel과 '작은 빵'이라는 뜻의 브뢰트헨Brötchen, 크리스마스 명절 음식으로 먹는 슈톨렌Stollen 등이 있다.

독일의
역사

독일인은 자국 역사에 대한 관심이 그리 많지 않다. 학교에서도 독일사를 따로 배우지 않고 그저 세계사를 배우는 가운데 유럽사의 일부 정도로 짚고 넘어간다는 느낌이 들 정도다.

어떤 사람들은 독일인들이 두 차례의 세계대전, 그리고 천인공노할 나치Nazi의 만행 등 불행한 과거사와의 고리를 끊고자 의도적으로 역사에 무관심한 것이라 설명하기도 한다. 하지만 독일 역사의 자랑스러운 장면들만을 기억하고자 할지라도 상황이 달라지지는 않을 것이다. 어느 시기를 기준점으로 독일 역사라 부를지, 또 어느 지역을 독일 역사에 포괄해야 하는지가 너무 모호하기 때문이다.

오늘날 독일연방공화국의 영토 안에서 일어난 사건만을 독일 역사라고 부를 경우 독일 민족 역사의 엄청난 부분을 배제하게 된다. 1871년 이전까지 독일, 오스트리아, 체코, 헝가리의 역사는 따로 떼어 설명하기 어려울 정도로 서로 얽히고설켜 있다.

시간상으로도 그렇다. 독일 역사는 관점을 달리할 경우마다 1,000년 이상의 차이가 난다. 게르만족의 역사를 기준으로 한다면 거의 2,000년 전으로 거슬러 올라갈 수 있지만 게르만족의 역사가 모두 독일 역사인 것도 아니고, 또 독일이 게르만족만으로 구성된 것도 아니다. '독일', '독일 왕' 등의 명칭이 사용되기 시작한 1,000년 전 신성로마제국으로 거슬러 간다면 그 안에 오늘날 독일뿐만 아니라 슬라브족Slavs의 여러 나라들까지 포함되어 역시 무리가 따른다. 그렇다고 프로이센Preussen이 독일을 통일한 1871년부터를 독일 역사의 시작으로 잡으면 '독일인', '독일어', '독일 문화', '독일 왕', '독일연방' 등의 명칭이 공식적으로 사용되던 수백 년간의 시절을 잃게 된다. 이렇게 이것저것 다 따지고 들면 독일 역사라는 것이 무엇인지 도저히 가늠할 수 없다.

독일 민족의 기원, 동프랑크왕국

독일 민족은 게르만족의 한 일파다. 4세기 말부터 6세기 말까지 약 200여 년간 이어진 게르만 민족대이동 중 로마 영토로 밀고 들어가거나 로마 문화에 동화되지 않은 일부 게르만족 사람들이 남아 독일 민족의 뿌리가 되었다. 영국, 프랑스, 이탈리아 등으로 들어간 게르만족은 자연스럽게 로마 문화에 동화되었는데 이는 국가별 언어 형태로 확인할 수 있다. 영어, 프랑스어, 이탈리아어는 모두 라틴어를 바탕으로 게르만 언어가 융합된 형태인 반면 독일어, 네덜란드어, 덴마크어, 스웨덴어는 게르만 언어의 흔적이 훨씬 강하다.

게르만족의 뿌리는 덴마크, 노르웨이, 스웨덴 등의 북유럽이다. 북유럽에 살던 게르만족은 기원전 1세기경부터 남쪽으로 내려와 오늘날 독일, 중부 유럽, 동유럽 등지에 흩어져 살기 시작했다. 이들은 계속 더 따뜻하고 좋은 땅을 찾아 이동하다 결국 로마와 충돌했다. 한때 알프스산맥을 넘어 로마를 침공하기도 했으나 가이우스 마리우스Gaius Marius에게 격퇴당하면서 알프스 북쪽으로 밀려났다. 당시 로마인들은 알프스 북쪽

지방을 통틀어 게르마니아Germania라 불렀고 거기 살던 사람들은 바바리안barbarian, 즉 야만인이라고 불렀다.

사실 게르만족은 단일민족이 아니라 고트족Goth, 알라마니족Alamannen, 프랑크족Frank, 반달족Vandal 등을 통칭하는 것이었다. 민족 간에 크고 작은 차이가 있긴 해도 서로 말이 통할 정도로 공통점이 많았다.

한편 로마는 이들을 완전히 복속시키려 했으나 성공하지 못했고, 결국 라인강과 다뉴브강Danube의 연결선이 로마와 게르만족간의 암묵적 경계가 되었다. 이때부터 300여 년간 로마세국과 세르만족이 공존했나. 세르만족에게 로마의 발달된 문물이 전해지고, 또 게르만족 중 일부가 로마에 가서 일자리를 구하거나 용병이 되기도 하면서 상당 부분 로마화가 이루어졌다.

그러다 5세기경 훈족Hun이 쳐들어오면서 게르만족의 영토가 아수라장이 되었다. 결국 게르만족이 훈족의 학살을 피해 대거 로마제국 영토에 침범하는 이른바 '게르만 민족대이동'이 일어나고 서로마제국이 멸망했다(476). 이때 로마제국에 침범한 게르만족을 '뿔 달린 투구를 쓴 야만족', '찬란한 고대 로마 문명 파괴자'로 평가하는 경향이 있지만 이는 사실과 다르다. 게르만족뿐만 아니라 이들을 공포에 떨게 한 훈족조차도 알려진 것보다 훨씬 문명화된 민족이었다.

다만 게르만족은 로마인들처럼 큰 정치 공동체를 이룰 수준은 못 되었고 중앙집권을 싫어했기 때문에 종족별로 독자적인 나라를 이루어 살았다. 이 중 카롤링거Carolinger 왕조의 프랑크왕국Frankenreich이 강성해 마침내 서유럽 전체를 통일한 큰 나라를 세웠다.

이후 프랑크왕국은 이슬람 세력을 격퇴해 크리스트교의 수호자 역할을 했고, 이에 프랑크왕국의 왕 샤를마뉴Charlemagne는 교황으로부터 '서로마제국의 계승자'라는 호칭을 받으며 카롤루스Carolus 대제로 불리게 되었다(800).

카롤루스 대제가 죽은 뒤 그 아들들은 몇 차례의 우여곡절 끝에 서·중·동 프랑크 셋으로 영토를 분할해 독립했는데 이 중 동프랑크왕국이 바로 오늘날 독일과 직접적으로 연결되는 최초의 국가다. 서프랑크왕국과 중프랑크왕국 지역의 게르만족은 현지인과 섞이면서 라틴화되어 오늘날 프랑스인, 이탈리아인의 조상이 되었고, 동프랑크왕국 지역의 게르만족만이 게르만 언어, 문화의 원형을 유지하면서 독일 민족의 뿌리가 되었다.

신성로마제국과 합스부르크 가문의 등장

동프랑크왕국의 콘라트 1세Konrad I가 후사 없이 죽으면서(918) 카롤링거 왕조의 맥이 끊어졌다. 결국 지역 귀족 중 가장 강력한 세력을 보유했던 작센Saxony 공작 하인리히 1세Heinrich I가 왕위에 올랐고, 이로써 동프랑크는 프랑스, 이탈리아와 구별되는 독일 왕국의 모태가 되었다. 또한 왕위를 계승하지 않고 유력 귀족들이 왕을 선출하는 전통도 생겼다.

하인리히 1세가 사망하고 그의 아들인 오토 1세Otto I가 다음 국왕으로 선출되었다. 그는 유럽을 공포에 떨게 했던 마자르족Magyar의 침입을 격퇴하고(955) 이들을 다뉴브강 중류 우안의 판노니아Pannonia 평원으로 몰아냈다. 판노니아로 밀려난 마자르족은 헝가리왕국을 세운 뒤 크리스트교로 개종했다(헝가리 편 참조). 게다가 이탈리아 왕이 교황을 압박하자 이를 핑계로 이탈리아를 정벌한 후 이탈리아 중부에 교황령을 마련해 주기까지 했다(960).

이에 교황은 카롤루스 대제 이후 맥이 끊어졌던 서로마 황제의 칭호를 오토 1세에게 내렸고, 오토 1세는 독일의 국왕이자 신성로마제국의 황제, 오토 대제라 불리게 되었다(962). 당시 제국의 영토는 독일, 체코, 폴란드 서부, 이탈리아 북부 지방을 아우르고 있었다. 그러나 이 제국은 덩치만 컸지 강력한 국가로 성장하기에는 많은 문제점을 가지고 있었다.

귀족들이 황제를 선출할 때 처음에는 모든 귀족이 참가했으나 점점 그 수를 줄여 유력한 귀족 일곱으로 제한했다. 이들을 선제후라 불렀다. 선제후는 성직자 귀족(마인츠 대주교, 트리어 대주교, 쾰른 대주교)과 세속제후(라인 궁중백작, 작센 공작, 브란덴부르크 변경백작, 보헤미아 국왕)로 이루어져 있었다.

선제후들은 독립국가나 다름없이 넓은 영토와 군대를 거느리고 있었기 때문에 황제가 통제하기 어려웠다. 신성로마제국은 명목만 제국일 뿐 귀족 국가들의 느슨한 동맹에 가까웠다. 선제후 외에도 독립국가의 군주나 다름없는 수많은 귀족이 있었다. 이처럼 귀족이 군주로 있는 나라들을 영방국가라 불렀다. 황제의 권력은 자기 고유의 영지에만 미칠 뿐이었다.

제국의 수도는 황제 가문의 영지가 있는 곳으로 옮겨 다녔다. 오토 대제 시절에는 마그데부르크Magdeburg, 호엔슈타우펜Hohenstaufen 왕조 때는 에르푸르트Erfurt, 룩셈부르크Luxemburg 왕조 때는 프라하Praha, 합스부르크 Habsburg 왕조 때는 빈Wien이 수도로 정해졌다. 결국 황제 가문 영지가 얼마나 넓고 부강한가에 따라 황제의 권력이 좌우되었다.

선제후들은 강력한 황제의 등장을 싫어했다. 중앙집권국가란 곧 귀족의 영향력이 줄어드는 것이다. 그래서 영지가 작고 힘이 약한 가문에서 황제를 뽑으려 했다. 물론 황제들은 선제후들을 굴복시켜 명실상부한 제국의 통치자가 되고자 했다. 특히 호엔슈타우펜 왕가의 프리드리히 바르바로사Friedrich Barbarosa 황제가 그랬다. 그는 자신보다 더 넓은 영토를 통치하는 유력 가문 벨프Welf가를 공격해 영지를 몰수한 뒤 어떤 제후도 넘보지 못할 강력한 세력을 이루었다. 이를 계승한 아들 하인리히 6세Henry VI는 이탈리아를 완전히 합병하며 더욱 강성해진 제국의 면모를 보여 주었다. 이 무렵 선제후들은 황제를 선출하기보다는 황제의 아들을 다음 황제로 승인하는 거수기로 전락했다.

그러나 1254년, 콘라트 4세Konrad IV가 후사 없이 세상을 떠나자 상황이 달라졌다. 왕가의 대가 끊겼으니 선제후들이 황제를 선출할 기회가 왔다. 하지만 선제후들 저마다의 이해관계가 달라 누구를 황제로 옹립할지 합의가 이루어지지 않았다. 오히려 제후들 간의 대립이 심해지면서 20년 동안이나 황제를 선출하지 못했다. 이 시기를 대공위시대(1254~1273)라고 한다. 독일은 점점 더 온전한 국가의 모습과는 거리가 멀어지게 되었다.

황제 없는 독일은 제후들 간의 다툼으로 아수라장이 되었고, 그 사이에서 새우 등 터지는 꼴이던 중소 도시와 영주 들의 불만이 끓어올랐다. 마침내 교황 그레고리오 10세Gregor X의 중재로 선제후들이 모였다. 이들은 유력한 가문에서 황제가 나와서는 안 된다는 데 동의하고 알프스 산촌(오늘날 스위스의 아르가우주Aargau)의 하급 귀족을 찾아 황제에 앉혔다.

그가 바로 합스부르크Habsburg가 백작 루돌프 1세Rudolf I다. 공작도 후작도 아닌 겨우 백작이 황제로 선출된 것이다.

시골뜨기인 줄로만 알았던 루돌프 1세는 대단한 수완가였다. 그는 황제의 권위를 이용해 오스트리아공국을 빼앗아 근거지로 삼았다. 또한 제후들을 소집해 황제에 불복하던 가장 강력한 선제후이자 보헤미아 왕이었던 오타카르 2세Ottokar II를 토벌했다.

깜짝 놀란 선제후들은 루돌프 1세가 죽자 다시 산골 백작들을 뒤졌고, 벨기에 님쪽 귀퉁이를 다스리던 룩셈부르크Luxemburg 백작 하인리히 7세Henry VII를 옹립했다. 그런데 또 엉뚱한 일이 발생했다. 하인리히 7세의 아들이자 보헤미아 왕의 사위이기도 한 요한 폰 룩셈부르크Johann von Luxemburg(체코명: 얀 루쳄부르스키Jan Lucemburský)이 장인의 뒤를 이어 보헤미아 왕이 되어 버린 것이다. 요한의 아들 카를 4세Karl IV(체코명: 카렐 4세Charles IV)가 아버지의 뒤를 이어 황제 자리를 요구하자 선제후들은 감히 거부할 수 없었다. 이로써 룩셈부르크가문이 황제 자리를 사실상 세습하게 되었고 프라하가 제국의 수도가 되었다.

룩셈부르크 왕가는 갈수록 강력해졌다. 헝가리 왕이 아들 없이 죽자 그 사위가 왕위를 계승했는데 그게 하필이면 카를 4세의 아들 지기스문트Sigismund였다. 지기스문트는 카를 4세 뒤를 이어 신성로마제국의 황제, 보헤미아 왕, 헝가리 왕이 되었다.

지기스문트 황제도 아들 없이 죽었다. 그러자 사위인 합스부르크 가문의 알브레히트 2세Albert II가 보헤미아, 헝가리 왕위를 물려받았다. 이제 합스부르크 가문은 오스트리아, 체코, 헝가리, 이탈리아를 영지로 거느린 엄청난 세력이 되었다. 알브레히트 2세가 황제 자리를 요구하자 선제후들은 거수기가 될 수밖에 없게 되었다. 이때부터 신성로마제국의 황제는 사실상 합스부르크 가문에서 세습했다(1485).

이후 100여 년간 합스부르크 왕조는 공격적으로 영토를 넓혀 갔다. 특히 카를 5세Charles V 때 합스부르크 가문은 오늘날의 오스트리아, 체코, 슬로바키아, 헝가리, 이탈리아, 스페인, 네덜란드, 스페인까지 세를 확장했다. 게다가 스페인과 네덜란드가 획득한 해외 식민지까지 지배하는, 세계에서 가장 넓은 영토를 가진 가문이 되었다.

문제는 당시 합스부르크 가문에게 '독일 통치자'로서의 정체성이 없었다는 점이다. 다른 독일 제후들도 마찬가지라서 각자의 영지를 넓히는 데에나 혈안이 되어 있었다. 카를 5세도 직접 통치할 수 있는 영토에 관심을 기울일 뿐 다른 제후들이 다스리는 독일 지역에는 큰 관심을 두지 않았다.

합스부르크 가문이 직접 관할하는 지역은 제후들을 통해 간접 통치하는 독일보다 훨씬 넓었다. 당시 카를 5세는 오스트리아 대공, 헝가리 왕, 보헤미아 왕, 에스파냐 왕, 아라곤 왕, 바르셀로나 백작, 부르고뉴 대공작, 나폴리(이탈리아 남부)왕, 시칠리아 왕, 사르데냐 왕, 파르마 공작, 포르투갈 왕, 플랑드르(네덜란드) 백작, 크로아티아와 슬로베니아 왕, 토스카나(이탈리아 북서부) 대공이면서 독일 왕, 신성로마제국 황제 작위를 동시에 가지고 있었다.

거대한 제국은 반드시 분열하는 법. 카를 5세가 죽자 그의 동생과 아들이 나라를 찢었다. 오스트리아, 스위스, 보헤미아, 헝가리, 북부 이탈리아(티롤, 밀라노)는 동생 페르디난트 1세Ferdinand I에게, 스페인, 네덜란드, 남부 이탈리아(시칠리아, 나폴리)와 해외 식민지는 아들 펠리페 2세Felipe II(한 때 무적함대를 이끌었던 바로 그 사람)에게 분할되었다. 이 중 신성로마제국 황제 칭호는 페르디난트 1세가 갖는 것으로 결정되면서 스페인 합스부르크와 독일 합스부르크가 분리되었다.

30년전쟁과 독일의 분열

제국이 분열된 이후 스페인과 독일의 합스부르크 가문은 사실상 각자의 길을 가게 되었다. 이때부터 독일 합스부르크 가문이 독일 정체성을 의식하기 시작하면서 신성로마제국 황제에서 독일 민족의 통치자로 자리매김하려 했다. 문제는 종교였다. 종교개혁자 마르틴 루터Martin Luther 이후 유럽의 크리스트교는 가톨릭과 프로테스탄트로 나뉘어 서로 다투었다. 그러다 1555년 아우크스부르크Augsburg에서의 화의和議에 따라 군주가 가톨릭과 프로테스탄트 중 어느 교회를 믿을지 선택하도록 결정했다.

여기서 다시 문제가 발생했다. 만약 신성로마제국을 황제가 다스리는 하나의 나라로 생각한다면 제국의 종교는 오직 황제만이 선택할 수 있다. 합스부르크 가문은 가톨릭을 믿기 때문에 각 제후들이 지정한 프로테스탄트 지역은 모두 폐지되어야 한다. 이에 프로테스탄트 제후들(주로 독일 북부)은 영방 군주로서의 권한을 지키고자 황제의 종교를 거부하고 프로테스탄트 동맹을 맺어 황제에 대항했다. 결국 황제와 가톨릭 제후, 프로테스탄트 동맹 사이에 내전이 일어나고 말았다(1618).

● 유럽 역사상 최대의 종교 전쟁

이 전쟁은 뜻밖에도 30년이나 이어졌다. 전쟁의 발단은 황제가 제국의 교회를 통일하기 위해 그동안 보헤미아에 허용되어 왔던 후스주의 교회를 금지하면서 시작되었다. 보헤미아 귀족과 시민이 크게 반발했고, 황제의 군대가 이들을 진압하자 마침내 무력으로 대항하기 시작했다(체코편 참조).

황제는 토벌군을 편성해 보헤미아와 프로테스탄트 동맹을 가혹하게 진압했다. 그러자 덴마크, 스웨덴, 영국 등 프로테스탄트 왕국들은 자신들의 종교를 위한다는 명목으로 독일에 군사를 보냈고, 스페인은 황제를 돕는다며 참전했다. 프랑스는 가톨릭 국가였지만 신성로마제국을 견제할 목적으로 프로테스탄트 편에 가담했다. 일종의 세계대전이 되어 버린 것이다.

이것이 바로 '30년전쟁'이다. 이 전쟁으로 독일의 경제와 문화 수준이 크게 퇴화되어 프랑스, 이탈리아에 비해 한참 뒤처지고 말았다. 황제와 제후들 간의 관계, 또 제후들끼리의 관계도 험악해져 제각기 다른 나라나 마찬가지가 되어 버렸다. 마침내 군주와 제후 들은 베스트팔렌Westfalen에 모여 조약을 맺고 이 지긋지긋한 전쟁을 끝냈다.

이 조약은 황제에게 절대적으로 불리했다. 이탈리아의 여러 지역과 스위스가 신성로마제국에서 떨어져 나갔으며 신성로마제국 내에서도 프로테스탄트를 믿는 영주들이 사실상 독립을 보장받게 되었다. 이로써 형식적으로나마 유지되던 신성로마제국은 수백 개의 영방국가와 제국 자유시로 분열하고 말았다. 이제 합스부르크 가문의 황제는 오스트리아와

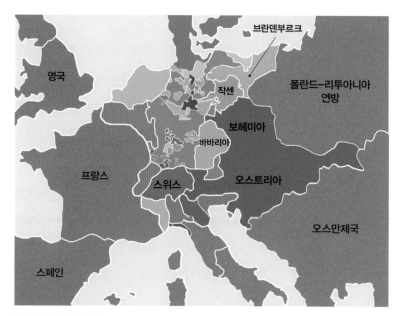

30년전쟁 이후의 유럽

체코, 헝가리 지역에서만 영향력을 행사할 수 있을 뿐 독일 영토에는 거의 영향력을 행사할 수 없게 되었다(이후 합스부르크 가문의 역사는 오스트리아 편에서 다룬다).

지도(48쪽)를 보면 확인할 수 있듯이 스페인과 오스트리아의 합스부르크 가문은 여전히 거대한 영토를 보유하고 있지만 오늘날 독일이 있어야 할 지역은 바바리아(바이에른), 브란덴부르크 백작령, 작센공국 정도가 작은 나라 규모를 이루고 있을 뿐 그 밖에는 지도에 표시하기 어려울 정도의 작은 나라들로 나누어지고 말았다. 프랑스와 영국은 신성로마제국이 다시 통합될 것을 막기 위해 이 작은 영방국가들과 개별적인 외교관계를 맺고 교묘히 이간질도 시켜 가며 통일을 방해했다.

● 북독일의 맹주, 프로이센

그런데 이렇게 산산조각 난 독일을 통일할 힘은 엉뚱하게 독일이 아닌 폴란드 땅에서 만들어지고 있었다. 거기에 십자군전쟁(체코 편 참조) 당시 독일인을 중심으로 구성된 기사단이 있었다. 흔히 '독일기사단Deutscher Orden'이라 불리는 이들은 십자군전쟁 이후 유럽 여기저기를 다니며 가톨릭교회의 세력을 넓힌다는 명목으로 일종의 용병 노릇을 했다.

그러다 기사단은 폴란드 왕과 계약을 맺어 프루스Pruss 지역을 봉토로 하사받고, 리투아니아와 러시아, 에스토니아 등 슬라브족을 격퇴하라는 임무를 맡았다. 이들은 하사받은 영토에 독일 농민들을 이주시켜 이 지역을 독일화했다. 14세기 무렵, 독일기사단국은 발트해 연안, 폴란드 북부, 독일 동부 지역까지 지배 영역을 확장했다.

이후 폴란드 왕은 기사단장 알브레히트 폰 호엔촐레른Albrecht von Hohenzollern을 프로이센Preussen(프루스의 독일식 이름) 공작으로 임명했기 때문에 기사단국은 프로이센공국이라 불리게 되었다(1466). 영국, 프랑스 등에서는 프루스 지방이라는 뜻에서 프러시아Prussia라고 불렀다.

1618년, 프로이센 공작 알베르트 프리드리히Albert Friedrich가 후계자 없이 사망하자 맏사위인 브란덴부르크 선제후 요한 지기스문트Johann Sigismund가 영지를 계승하면서 프로이센과 브란덴부르크가 합쳐지게 되었다. 그런데 브란넨부르크 선세후는 신성로마제국의 신하이고, 프로이센 공작은 폴란드의 신하이기 때문에 이 합병은 원칙적으로 불법이었다. 프로이센 공작이 후사 없이 죽었다면 그 후임자를 임명할 권리는 폴란드 왕에게 있지 자동으로 승계되는 게 아니기 때문이다. 그러나 러시아와의 전쟁으로 정신이 없었던 폴란드는 이를 묵인했다.

후에 브란덴부르크-프로이센은 프랑스와의 전쟁으로 도움이 절박했던 신성로마제국 황제 레오폴트 1세Leopold I를 도와주면서 선제후-공작령에서 왕국으로 승격되었다. 그렇게 프로이센 공작 프리드리히가 프로이센 국왕 프리드리히 1세Friedrich I로 즉위하면서 베를린을 수도로 하는 프로이센왕국이 탄생하게 되었다(1701).

프로이센왕국은 빠르게 성장했다. 특히 프리드리히 2세Friedrich II(프리드리히 대왕) 때 발전 속도는 가히 놀라웠다. 그는 직접 선진국에 가서 산업기술을 배워 올 정도로 적극적인 계몽군주였다. 특히 그는 거대한 상비군과 효율적인 관료제를 이용해 강력한 중앙집권국가를 이루어 프랑스 부르봉Bourbon 왕가와 대적할 만한 강력한 왕국을 이루었는데, 무엇보다도 군사력이 강했다. '독일 병정'이라는 말도 당시 프로이센 군대에서 비롯된 말이다.

프로이센은 오스트리아와의 전쟁(왕위계승전쟁, 오스트리아 편 참조)에서 승리해 철과 석탄이 풍부한 슐레지엔Schlesien를 획득함으로써 산업화에서도 앞서 나갔다. 이 전쟁들에서 프로이센은 10만 정예 군단의 위력을 보여 주며 온 유럽을 두려움에 떨게 했다. 이로써 북독일은 프로이센, 남독일은 오스트리아가 지배하는 구도가 만들어졌다.

그래도 남남은 아니었기에 이 두 나라 사이에 다툼만 있었던 것은 아니다. 프로이센과 오스트리아는 러시아와 함께 폴란드분할에 가담했고, 이때 프로이센은 폴란드의 수도 바르샤바Warsza까지 영토를 확장했다. 이제 프로이센의 왕가 호엔촐레른 가문은 합스부르크 가문 못지않은 힘을 자랑하게 되었다.

● 나폴레옹전쟁과 독일 민족의식의 형성

30년전쟁의 상처를 딛고 북쪽의 프로이센, 남쪽의 오스트리아를 중심으로 다시 일어서던 독일을 또 한 번 주저앉힌 인물이 나타났다. 바로 프랑스의 나폴레옹 보나파르트Napoléon Bonaparte다. 1789년, 프랑스혁명이 일어나 왕가가 무너지고 공화정이 수립되자 놀란 유럽의 군주들은 왕을 죽인 무도한 반역도들을 벌한다는 명분으로 프랑스를 침공했다. 오스트리아와 프로이센 역시 대불동맹을 맺고 여기 가담했는데 도리어 나폴레옹에게 대패하고 쫓기는 신세가 되고 말았다.

나폴레옹은 오스트리아부터 쳐들어갔다. 빈을 함락하고도 나폴레옹은 추격을 계속했다. 아우스터리츠Austerlitz에서 오스트리아, 러시아 연합군이 궤멸되자 프란츠 2세Francis II는 굴욕적인 강화조약을 맺어야 했다. 오스트리아는 더 이상 신성로마제국 황제 칭호를 쓸 수 없고, 강제로 프랑스의 동맹국(사실상 속국)이 되어야 했다(1805).

다음 목표는 독일의 또 다른 축인 프로이센이었다. 군사 강국으로 소문난 프로이센이었지만 역시 나폴레옹을 당해 내지 못했다. 프로이센은 예나Jena-아우어슈테트Auerstädt 전투에서 4만 명의 인명을 잃는 참패를 당했고(프로이센 병성 최초의 참패), 베를린 역시 빈과 마찬가지로 프랑스군에 함락당하는 수모를 겪었다. 프로이센은 러시아 틸지트Tilsit에서 체결한 굴욕적인 강화조약에 따라 영토의 절반을 상실하고 강제로 프랑스의 동맹국(역시 사실상 속국)이 되는 치욕을 겪었다(1807).

프로이센과 오스트리아에게 처참한 패배를 안겨 준 나폴레옹은 신성로마제국을 해체하고 라인동맹Rheinbund이라는 새로운 연방을 만들었다. 프로이센과 오스트리아를 제외한 다른 독일 영방국가들은 이 동맹에 강제로 가입해야만 했다. 한마디로 독일이 프랑스의 식민지가 되어 버린 것이다.

민족의식보다는 지역의식이 강했던 독일인들은 자신들을 프로이센, 오스트리아, 바이에른, 작센 등의 사람으로 여겼지 독일인이라 생각하지 않았다. 그런데 프랑스라는 침략자에게 치욕을 겪었다는 공통점이 이들을 하나의 민족으로 각성하게 만들었다.

여기에 큰 기여를 한 인물이 철학자 요한 고틀리프 피히테Johann Gottlieb Fichte다. 그는 베를린에서 14주에 걸쳐 "독일 국민에게 고함Reden an die

노르웨이

스웨덴

덴마크

러시아제국

영국

프로이센

바르샤바왕국

라인연방

오스트리아

스위스

프랑스

오스만제국

에스파냐

포르투갈

나폴리왕국

● 프랑스의 위성국
○ 프랑스의 동맹국

나폴레옹 1세 시대의 유럽

Deutsche Nation "이라는 제목으로 강연하고 이를 출판해 독일 전역에 퍼뜨렸다(1807).

이 책은 독일 민족주의의 마중물이 되었다. 피히테는 국민 개개인의 이기주의, 민족공동체를 우선하지 않은 각 지역 영방들의 이기주의를 질타하며, 독일에 진정한 민족의식이 깨어나지 않는 한 독일은 프랑스의 지배에서 벗어날 수 없다고 역설했다. 이에 덧붙여 어릴 때부터 민족의식을 일깨울 국민교육의 필요성을 강조했다. 독일이 유럽 공교육의 선두주자로 나서게 된 계기 역시 바로 이 강연이나.

영방 군주들 간에 맺어진 신성로마제국, 이 느슨한 연합으로는 영국이나 프랑스처럼 민족 전체가 하나의 정부 아래 똘똘 뭉친 민족국가를 당해 낼 수 없음이 명징해졌다. 모든 독일인이 응집한 하나의 강력한 국가가 되어야 했다. 이때부터 독일 통일에 대한 열망이 확산되었다.

그러나 피히테 이후 일어난 독일 민족주의에는 어두운 그림자가 있었다. 단순히 민족 정체성을 세우는 수준이 아니라 독일 민족의 우월성을 강하게 주장한 것이 문제였다. 피히테는 독일 민족을 이루는 특성으로 영국, 프랑스와 달리 게르만족의 순수성을 지키고 있다는 것, 이것이 언어와 문화, 그리고 숭고한 이념에서 나타난다고 주장했다.

즉 어느 강한 나라가 다른 민족들을 억압하고 착취하는 게 문제가 아니라 다른 민족보다 우월하고 순수한 독일 민족이 그런 꼴을 당하는 게 문제라는 생각이 퍼진 것이다. 따라서 당시 독일 민족주의에는 단지 프랑스의 억압에서 벗어나 자유로운 나라를 세우는 것을 넘어 강력한 민족국가를 바탕으로 통일된 독일 민족이 유럽의 지도자 역할을 담당해야

독일 민족주의를 일깨운 철학자
요한 고틀리프 피히테

한다는 제국주의적 이념의 씨가 담겨 있었다. 이는 결국 두 차례의 세계대전, 그리고 나치의 무참하고 반인륜적인 범죄의 뿌리가 되었다.

독일연방에서 독일제국으로

러시아원정의 실패, 워털루전투에서의 참패로 유럽을 다 집어삼킬 것 같았던 나폴레옹이 무너졌다(1814). 나폴레옹을 세인트헬레나섬Saint Helena으로 유배 보낸 유럽 각국의 군주들은 1814년 빈에 모여 모든 것을 나폴레옹 이전으로 되돌릴 것을 결의했다. 이 보수 반동 체제를 빈체제Wiener System라 하며, 오스트리아의 총리 메테르니히Metternich가 이 체제를 주관했다. 바르샤바대공국으로 잠시 독립했던 폴란드는 다시 프로이센, 러시아, 오스트리아에게 분할되었고, 라인동맹 역시 해체되어 각 영방국가들로 되돌아갔다.

문제는 신성로마제국의 회복인데, 이미 독일 민족주의가 널리 확산된 상황에서 로마라는 이름은 더 이상 의미가 없었다. 따라서 독일을 이뤄 온 여러 군주들은 신성로마제국이 아니라 '독일연방Deutscher Bund'의 수립을 결의했다(1815). 프랑크푸르트가 연방의 수도가 되었고 영토는 옛 신성로마제국의 영토를 그대로 계승하는 것으로 결정되었다. 비록 느슨한 연대였지만 처음으로 '독일'이라는 이름을 사용하는 국가가 등장한 것이다.

이 독일연방에는 모두 38개국이 가입했다. 각국은 프랑크푸르트의 연방의회에 대표를 파견했고 오스트리아가 연방의 의장을 맡았다. 오스트리아 왕, 프로이센 왕, 바이에른 왕, 작센 왕, 뷔르템베르크 왕, 헤센 대공, 바덴 대공 등에게는 각 1표씩이, 또 덴마크 왕은 홀슈타인Holstein의 공작 자격으로, 네덜란드 왕은 룩셈부르크 공작 자격으로, 영국 왕도 하노버 백작 자격으로 참가 자격을 얻어 1표씩을 행사했다. 그 밖의 군소 영방들의 표는 모두 합해 5표로 계산했고, 자유도시인 프랑크푸르트, 브레멘, 함부르크, 뤼베크Lübeck를 합쳐 1표로 계산했다. 그렇다고 아주 명목뿐인 연방은 아니라서 외세 침입에 대응하기 위한 연방군도 창설했고, 연방 가입국들은 외교권을 행사하되 연방과 적대적인 나라와는 동맹을 맺을 수 없도록 제한을 두었다.

그러던 1848년, 유럽에 확산된 급진적인 자유주의의 물결이 독일을 휩쓸면서 민중이 들고 일어났다. 민중은 영주들과 왕들의 모임인 연방의회를 비판하며 참정권을 요구했다. 마침내 민중의 대표 기관인 프랑크푸르트 국민의회가 구성되어 군주들로 이루어진 프랑크푸르트 연방의회와 대립했다.

국민의회의 요구는 통일을 넘어서는 것이었다. 이들은 통일된 독일이 단지 봉건 군주들 간의 연합국가 또는 제국이 아니라 근대적인 자유민주국가가 되어야 한다고 주장했다. 그럼에도 국민의회는 공화국을 선포하는 대신 프로이센 왕 프리드리히 빌헬름 4세Friedrich Wilhelm IV를 상징적인 지위만 가지는 황제로 추대하는 입헌군주제를 연방의회에 제안했다. 물론 연방의회의 군주들과 황제로 추대된 빌헬름 4세는 이 제안을 거절했다. 연방의회는 국민의회를 무력으로 진압했다. 이로써 독일이 영국이나 프랑스 같은 민주주의국가로 통일될 길은 사실상 사라졌다.

통일의 길은 멀었다. 이번에는 독일연방 밖으로 많은 영토를 지닌 합스부르크 왕가가 걸림돌이 되었다. 만약 독일연방이 통일된 민족국가로 재정비된다면 합스부르크 가문은 독일 민족의 나라인 오스트리아와 그간 독일의 일부로 취급되어 온 보헤미아(체코)만을 가지고 연방에 들어가야 했다. 이는 오스트리아제국이 기존 영토의 3분의 2를 포기해야 한다는 뜻이다.

따라서 프로이센은 통일에 적극적, 오스트리아는 소극적이었다. 그렇다고 오스트리아 입장에서 수백 년간 누려 온 독일의 맹주 자리를 포기하기도 쉬운 일이 아니었다. 결국 연방의회는 오스트리아를 배세하고 프로이센을 중심으로 통일을 이루자는 소독일주의와 오스트리아를 포함해 옛 신성로마제국 규모의 통일을 이루자는 대독일주의로 패가 갈렸다.

당시 프로이센의 총리 오토 폰 비스마르크Otto von Bismarck는 단안을 내렸다. 그는 '강철 총리'라는 무시무시한 별명으로 불렸다. 실제로는 감수성이 매우 예민한 평화주의자였다고 하지만 어쨌든 이 별칭은 이후 영국의 마가렛 대처Margaret Thatcher, 독일의 앙겔라 메르켈Angela Merkel 총리의 별칭으로도 사용되었다.

비스마르크는 철저한 실용주의자이며 탁월한 외교관이기도 했다. 가능한 한 적국을 외교적으로 고립시켜 굴복을 얻어 내고 불가피한 경우에만 최후의 수단으로 전쟁을 활용했다. 전쟁은 최대한 짧게, 치명적인 타격을 가한 뒤 협상으로 마무리하는 수단일 뿐 상대를 모욕하거나 절멸하고자 하는 목표가 되어서는 안 된다는 신념의 소유자이기도 했다.

그는 오스트리아의 본심이 통일도 연방 탈퇴도 아닌 현상 유지임을 간파했다. 그렇다면 오스트리아가 독일 문제에 손을 떼게 해야 했는데 그

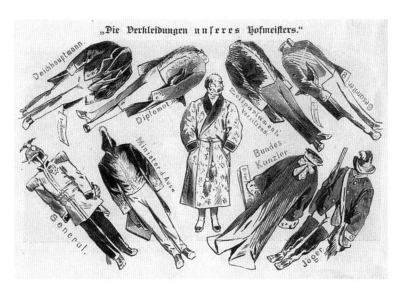

총리, 장군, 외교관 등 수많은 역할을 해낸 비스마르크

러기 위한 가장 확실한 방법은 결국 전쟁이었다. 이른바 '형제전쟁'이라 불리는 프로이센-오스트리아전쟁이 일어났다(1866). 프로이센은 단숨에 오스트리아를 굴복시켜 연방에서 축출했고 독일연방은 해체되었다.

이후 프로이센은 북부 독일의 여러 나라들을 흡수해 북독일연방을 세웠다. 이전의 독일연방과 달리 북독일연방은 실제로 하나의 정부에 통합된 국가였다. 그러자 이번에는 프랑스가 통일을 방해했다. 프랑스 입장에서는 프로이센과 프랑스 사이에 만만한 영방국가들을 두는 것이 통일된 독일 옆에 있는 것보다 유리했다. 프랑스의 지원 아래 헤센, 룩셈부르크, 바덴, 바이에른 등 남독일 영방들이 북독일연방과의 통일을 거부하며 맞섰다.

비스마르크는 이들과의 형제전쟁 대신 프랑스를 공격했다. 프랑스는 파리가 함락되고 나폴레옹 3세Napoleon III 황제가 포로로 잡히는 처참한 패배를 당했다. 반면 북독일연방 입장에서는 나폴레옹 1세에게 당했던 수모를 씻는 통쾌한 승리였다. 이제 모든 방해물을 제거한 프로이센은 남아 있던 남독일 국가들을 흡수해 독일제국Deutsches Kaiserreich을 수립하고 빌헬름 4세를 독일 황제로 옹립했다. 옛 독일연방의 구성국 중 오스트리아와 합스부르크 가문의 가신이었던 룩셈부르크, 리히텐슈타인Liechtenstein은 여기서 제외되었다.

독일제국의 팽창과 제1차 세계대전

통일된 독일제국이 수립되자 영국, 프랑스 등 기존 강국들은 긴장했다. 프로이센도 충분히 부담스러운 상대였는데 이제 그 프로이센이 몸집을 세 배로 불렸다. 이미 통일 과정에서 유럽 대륙의 패권 국가 노릇을 했던 프랑스를 단번에 제압한 프로이센은 독일제국이 되면서 당시 세계를 지배하던 영국의 패권에도 도전할 정도의 강대국이 되었다. 실제로 독일제국의 산업 생산력은 대영제국을 넘어서기 시작했다.

원래 비스마르크는 열광적인 민족주의자가 아니었다. 물론 민주주의자도 아니었다. 프로이센 국왕 빌헬름 3세는 독일제국 수립과 함께 독일제국 황제 빌헬름 1세가 되었는데, 비스마르크는 오직 이 황제에게만 충성했고 황제 역시 그를 전적으로 신뢰했다. 그래서 당시 독일제국은 겉보기에는 마치 입헌군주정처럼 보였지만 실제로는 황제가 총리를 절대적으로 신임하는 전제왕정이었다.

우선 비스마르크는 영토 확장보다 신생국가 독일제국의 내실을 다지고 경제적으로 번창하는 데 초점을 맞췄다. 산업을 진흥하고(이 과정에서 노동자, 노동조합을 가혹하게 탄압하기도 했다) 국민교육을 강화했으며 세계 최초로 의료보험, 산재보험, 연금보험 등 현대 사회보장제도의 기틀을 마련해 국민들의 삶의 질을 높였다.

대외 정책에도 신중했다. 오스트리아, 프랑스 등 강대국과의 전쟁에서 승리한 다음에도 패전국이 모욕을 느끼지 않게 예우했고, 유럽 열강 사이에 무분별하게 일어나고 있던 해외 식민지 쟁탈전도 자제했다.

물론 문제가 아예 없는 것은 아니었다. 그는 군주정에 대한 확고한 신념을 가진 봉건적 가치관의 소유자였다. 결국 그가 구상한 통일된 독일은 황제가 귀족들의 보좌를 받아 통치하는 과두정이었지 민주정치가 이루어지는 국가가 아니었다. 그 결과 독일제국은 입헌군주정과 절대왕정 사이의 애매한 위치에 머무르게 되었다. 하지만 적어도 비스마르크가 생각한 독일제국은 세계대전을 일으키는 나라는 아니었다.

그런데 빌헬름 1세가 죽고 빌헬름 2세Wilhelm II가 황제로 등극하면서 상황이 달라졌다. 젊은 빌헬름 2세는 힘자랑을 하고 싶어 안달이 난 상태였다. 당시 독일제국은 유럽 최강의 산업 강국이면서 이를 바탕으로 한 엄청난 군사력을 자랑하고 있었다. 그럼에도 영국이나 프랑스에 비해 식민지가 많지 않다고 여긴 빌헬름 2세는 비스마르크를 해임하고 공격적이고 팽창적인 정책으로 독일제국의 방향을 틀었다.

영국, 프랑스, 러시아는 3국협상을 통해 이러한 독일의 팽창을 견제하려 했다. 이에 독일은 오스트리아-헝가리제국, 이탈리아왕국과 3국동맹을 맺어 맞섰다. 이로써 이들 여섯 나라 중 어느 한 나라만 전쟁을 해도 다른 동맹국이 줄줄이 개입할 수 있는 구도가 이루어졌다.

하지만 진짜 화약고는 발칸반도에 있었다. 당시 러시아는 '모든 슬라브족은 러시아를 중심으로 뭉쳐야 한다'는 범슬라브주의Pan-Slavism를 앞세워 발칸반도 쪽으로 세력을 넓혀 갔고, 중부 및 동부 유럽의 여러 슬라브 민족들을 지배하고 있던 오스트리아-헝가리제국과 자주 충돌했다.

그러던 중 오스트리아 황태자가 슬라브계 국가인 세르비아의 한 청년에게 암살당한 사라예보사건이 일어났다(1914). 오스트리아-헝가리제국은 세르비아에 범인의 인도를 요구했지만 거절당하자 세르비아를 침공했다. 이에 러시아가 범슬라브주의에 따라 세르비아 보호를 명분으로 오스트리아에 선전포고했고, 독일이 3국동맹에 따라 러시아에 선전포고했으며, 다시 영국, 프랑스가 3국협상에 따라 독일, 오스트리아에 선전포고하는 등 전쟁이 연쇄적으로 확대되었다.

여기에 오스만제국, 불가리아가 동맹군(독일, 오스트리아)에, 이탈리아(3국동맹국이었지만 배신함), 일본, 그리고 미국이 연합군(영국, 프랑스, 러시아)에 가담하면서 전쟁이 커졌다. 이 참사가 바로 제1차 세계대전이다(1914~1918).

제1차 세계대전은 길게 늘어선 전선에서 단지 몇 킬로미터를 전진하기 위해 수만 명의 군인이 목숨을 잃는 지루한 참호전으로 진행되었다. 지휘부의 작전지도상에는 아무 변화가 없어도 그 평형 상태를 유지하기 위해 수없이 많은 젊은 피가 참호 밖으로 흘러넘쳤다.

결국 이 전쟁은 연합군의 승리로 끝났고 독일과 오스트리아-헝가리제국은 패전국이 되고 말았다. 하지만 승패는 아무런 의미가 없었다. 독일과 오스트리아-헝가리제국에서만 각 200만 명, 130만 명이라는 엄청난 수의 장병이 전사했다. 승전국의 피해도 막심했다. 영국 90만 명, 프랑스 135만 명, 이탈리아 65만 명, 미국 12만 명의 전사자가 나왔으며 러시아도 170만 명이 전사했다.

국민의 지지를 얻지 못한 바이마르공화국의 몰락

제1차 세계대전의 패전으로 빌헬름 2세가 퇴위하고, 독일은 공화국이 되면서 국호를 독일제국에서 독일국Deutsches Reich으로 바꾸었다. 그런데 오늘날 대부분의 역사책에서는 이 시기를 독일국이 아니라 바이마르공화국Die Republik von Weimar으로 부른다. 이 공화국 헌법이 바이마르에서 제정된 헌법, 일명 바이마르헌법Weimarer Verfassung에 기초하고 있었기 때문이다. 바이마르헌법은 독일사회민주당과 가톨릭중앙당 그리고 독일민주당, 세 정당이 주도해 제정했는데, 이 정당들의 상징 색인 붉은색(사회민주당), 검은색(중앙당), 황금색(민주당)으로 오늘날 독일 국기가 만들어졌다.

바이마르헌법은 1919년 제정 당시는 물론 오늘날의 기준으로 보더라도 매우 선진적이고 민주적인 헌법이었다. 세계 최초로 여성의 참정권을 보장했으며 언론, 출판, 집회, 시위, 정당 설립의 자유를 기본권으로 규정했고 여기에 비스마르크가 만들었던 사회보장제도를 사회권이라는 기본권으로 포함시킨 획기적인 헌법이었다. 지금도 식민지나 독재국가에서 민주국가로 변모하려는 나라들은 바이마르헌법을 참조해 새 헌법을 제정한다. 대한민국헌법에도 큰 영향을 주었다.

이렇게 훌륭한 헌법에 기초한 공화국이 어떻게 나치에게 권력을 내어 주고 홀로코스트Holocaust 같은 끔찍한 만행을 저지르게 되었을까? 자유와 민주주의를 위한 조항이 민주주의를 파괴하려는 세력에게 악용되는 것을 막지 못했기 때문이다. 자유롭고 민주적인 나라에서는 시민들의 책임과 역할이 중요한데 당시 독일 시민들의 수준은 거기 미치지 못했다. 바이마르공화국은 아무리 훌륭한 제도를 갖춘 민주공화국이라도 성숙한 민주 시민이 없으면 오히려 반민주적인 세력에게 나라를 내주기 쉽다는 증거가 되어 버렸다.

당시 독일 국민들은 바이마르공화국과 그 헌법을 인정하지 않았다. 여전히 민족주의가 강하게 남아 있던 독일인들에게 바이마르공화국은 라인동맹과 마찬가지로 프랑스 괴뢰정부처럼 여겨졌다. 그들에게 민주주의와 공화국은 영국, 프랑스의 정치 체제일 뿐이었다. 민주주의는 게르만족의 정신과 거리가 먼 이념이며 바이마르공화국은 영국, 프랑스가 강요한 정부에 불과했던 것이다.

바이마르공화국은 출범한 이래 단 한 순간도 평화롭고 안정적으로 유지된 적이 없었다. 시작부터 난관이었다. 승전국들은 독일에게 막대한 배상금을 요구했다. 이 배상금을 갚기 위해 마구 돈을 찍다 보니 그만 보유하고 있던 금이 바닥나면서 독일 화폐의 가치가 크게 떨어지고 물가가 하늘 높이 올라가는 초인플레이션hyperinflation으로 엄청난 고통을 겪어야 했다. 100조 마르크Mark(유로화 이전의 독일 화폐 단위)짜리 지폐가 발행되었다는 것으로 당시 상황을 충분히 짐작할 수 있을 것이다.

초인플레이션을 극복한 후 전쟁의 상처를 딛고 재건할 만할 때쯤 이번에는 대공황이 전 세계를 덮쳤다. 기업들이 파산하고 실업자가 쏟아져 나왔다. 이 혼란기를 틈타 두 위험 집단이 자유로운 정치 활동을 보장하는 바이마르헌법을 이용해 세력을 키웠다.

하나는 공산당이었다. 공산당은 경제가 어려워지고 빈곤층의 불만이 고조되자 이를 기반으로 노동자들의 파업과 폭동을 선동해 체제를 전복할 혁명을 일으키고자 했다. 이들의 사상은 바이마르헌법의 집회, 시위, 언론, 출판, 정당의 자유를 활용해 널리 퍼져 나갔다. 극좌파가 등장하자 그 반대편에 극우파도 등장했는데 그들이 바로 국가사회주의독일노동자당Nationalsozialistische Deutsche Arbeiterpartei, 줄여서 '나치당'이다.

위: 가치를 잃어버린 지폐 뭉치를
장난감 삼아 가지고 노는 독일 어린이들
아래: 100조 마르크 지폐

나치의 광기와 제2차 세계대전

나치당의 지도자 아돌프 히틀러Adolf Hitler의 주장은 19세기 초반 독일을 휩쓸었던 민족주의 전통에 그 뿌리를 두고 있었다. 그렇기 때문에 패전으로 자존심이 상했던 독일인들에게 매우 강한 호소력을 발휘할 수 있었다.

- 독일 민족은 혈통과 문화의 순수성을 지킨 우월한 민족이다.
- 그런 독일 민족이 지금과 같은 부당한 대우를 받는 까닭은 전쟁에서 졌기 때문이다.
- 전쟁에서 진 까닭은 독일 내부에 배신자들이 있기 때문인데, 그들은 영국과 프랑스(민주주의, 자유주의), 러시아(공산주의) 등 외국의 사상을 신봉하는 반역자들, 그리고 유대인과 집시 등 더러운 이민족들이다.
- 독일 민족은 여전히 이 치욕스러운 상황과 싸우는 전쟁 중에 있으며, 따라서 개인보다는 민족의 이름으로 총 단결해야 한다.

독일의 패배를 인정할 수 없었던 국민들은 분노를 표출할 대상을 특정한 나치의 선전, 선동에 쉽사리 넘어갔다. 선거를 치를 때마다 나치당의 의석수가 늘어나더니 마침내 히틀러가 총리 자리에 올랐다. 히틀러는 결코 무력으로 권력을 잡지 않았다. 민주적이고 자유로운 선거를 통해 권력을 획득했다.

'민주적'인 선거를 통해 국민 '다수'의 지지를 받아 총리가 된 히틀러는 취임 한 달만에 민주주의를 파괴하기 시작했다. 우선 의사당에 불을 지른 뒤 그 배후 세력으로 공산당을 지목해 공산주의자들을 대대적으로 제거했다. 당시 독일의 보수 정치인들과 대자본가들은 공산주의자들을 화끈하게 제거해 주는 히틀러를 오히려 반겼다. 이후 히틀러는 대공황과 공산주의라는 국가비상사태를 극복하기 위해 행정부에 모든 권한을 집중시키는 전권위임법Ermächtigungsgesetz을 국회에서 통과시키면서 모든 권력을 움켜쥐었다.

전권위임법의 주요 내용은 입법부가 아닌 행정부에서 법률을 제정할 수 있도록 하고, 정부가 헌법에 구애받지 않고 법률을 만들 수 있으며, 의회의 동의 없이 외국과의 조약, 선전포고 등을 할 수 있는 등 3권분립을 파괴하는 내용이었다.

이렇게 자신에게 권력을 집중한 히틀러는 공산당을 금지하는 법률을 제정해 공산당의 의석을 모두 박탈하고, 4개월 뒤 나치당 이외의 모든 정당을 금지하는 법률을 만들어 1당 독재제를 갖추었다(1933). 그리고 1934년에는 대통령과 총리를 겸직하는 총통직을 만들어 자신이 그 자리에 취임함으로써 독재 체제를 완성했다.

사실 총통이라는 말은 중화권에서 President의 번역어로 쓰고 있기 때문에 오해의 여지가 있다. 예를 들어 대만의 총통은 우리나라의 대통령이지 히틀러 같은 지위가 아니다. 오히려 수령이나 지도자 등이 더 적합한 번역이다. 실제로 북한 같은 나라에서 '지도자 동지'라는 말을 쓴다. 어쨌든 이 총통직의 신설 과정과 히틀러의 총통 취임 과정 역시 무력이 아니라 국민투표를 통한 다수결로 이루어졌다.

독일 민족의 위대함을 증명하고자 하는 열망과 배신자에 대한 응징이 나치당의 권력 기반이었기 때문에 히틀러는 막강한 권력을 바탕으로 공산주의자, 자유주의자, 유대인 등을 가혹하게 박해했다. 독일 민족이 거주하는 땅은 모두 독일 영토가 되어야 한다는 논리로 오스트리아와 체코슬로바키아를 합병하고 폴란드를 침공해 합병했다(1938). 그러자 이를 침략 행위로 규정한 영국과 프랑스가 독일에 선전포고했고, 이탈리아와 일본이 독일과 동맹을 맺어 영국, 프랑스에 선전포고함으로써 제2차 세계대전이 발발했다(1939).

전쟁 초기에 독일은 승승장구했다. 프랑스를 점령하고 사실상 유럽 대륙을 거의 장악해 마치 나폴레옹시대의 프랑스를 보는 듯했다. 이렇게 유럽을 장악한 나치는 점령지 곳곳에서 공산주의자, 유대인, 집시, 성적 소수자 등을 학살했다. 특히 유대인에 대한 학살은 사실상 인종 청소나 다름없었는데, 점령지에 살고 있는 유대계 주민을 모두 강제수용소로 끌고 가 체계적으로 살해했다. 조상 대대로 독일에서 살고 독일인과 통혼해 독일인이나 다름없는 유대계 주민도 예외는 없었다.

폴란드에서만 300만 명이나 되는 유대인이 학살당했다. 이는 당시 폴란드에 살고 있던 유대계 주민의 90퍼센트다. 결국 나치 독일은 유럽에 거주하던 유대인 900만 명 중 3분의 2인 600만 명을 학살하는 인류 역사상 전무후무한 범죄를 저질렀다.

그러나 독일은 1941년 무모한 소련 침공과 미국의 참전으로 미국, 영국, 소련 모두를 상대하는 상황으로 내몰렸다. 결국 사면초가에 빠진 독일은 히틀러의 자살과 함께 다시 패전국의 멍에를 뒤집어쓰고 말았다.

위: 나치의 총통 아돌프 히틀러
아래: 400만 명 이상의 유대인과 폴란드인이 학살된 아우슈비츠 수용소

차마 입에 담을 수 없는 엄청난 전쟁범죄를 안고.

제2차 세계대전의 피해는 800만 명의 인명을 앗아간 제1차 세계대전마저 가볍게 보일 정도였다. 소련 2,900만 명, 독일 560만 명, 폴란드 627만 명, 유고슬라비아 166만 명, 프랑스 60만 명, 영국 50만 명, 미국 40만 명(영국과 미국의 사망자가 적은 것은 대부분이 군인 전사자이기 때문이다) 등 무려 4,700만 명이 목숨을 잃었다. 더구나 이 중 2,900만 명이 민간인이었다. 여기에는 독일군이 학살한 유대인, 러시아인, 폴란드인 2,500만 명과 소련군의 보복으로 학살된 독일 민간인 240만 명이 포함되어 있다.

반쪽의 독일이 이룬 라인강의 기적

또다시 패전국이 된 독일 앞에 펼쳐진 운명은 가혹했다. 제1차 세계대전 패전으로는 영토가 줄었지만 제2차 세계대전 패전으로는 아예 나라가 분단되었다. 그럴 수밖에 없는 것이 제1차 세계대전은 단지 국가 간의 전쟁에서 패한 것이지만 제2차 세계대전은 끔찍한 전쟁범죄를 저지른 끝에 패망한 것이기에 더 큰 책임이 따랐다. 뉘른베르크Nürnberg에서 전쟁범죄자 재판이 열렸고 반인륜적인 범죄를 저지른 나치 지도부들이 처형되었다.

연합국(미국, 영국, 프랑스, 소련)은 독일이 두 번 다시 전쟁을 일으키지 못하도록 완전히 주저앉혀야 한다는 데 뜻을 같이했다. 독일의 발상지라고 할 수 있는 동프로이센 지역은 폴란드에 합병시켰고 나머지 지역은 넷으로 잘라 미, 영, 프, 소 4개국이 분할 점령했다. 수도 베를린도 넷으로 잘라서 각각 한 토막씩 맡아 관리했다.

그러나 동유럽의 공산화가 빠르게 진행되는 데 놀란 미국, 영국, 프랑스는 독일까지 공산화되는 것을 두려워해 자기들이 담당한 독일 및 베를린의 구역을 통합해 독일연방공화국(서독) 정부를 수립했다. 이에 대응해 소련 역시 별도의 독일민주공화국(동독) 정부를 수립했다. 이로써 독일은 분단국가가 되었으며 동독과 서독의 경계선이 곧 동서 냉전의 경계선이 되었다. 이후 서독은 시장경제 및 자유민주주의 국가가, 동독은 계획경제 및 공산주의 국가가 되었다.

특히 베를린의 처지가 딱하게 되었다. 독일 영토뿐 아니라 베를린도 동베를린과 서베를린으로 분단되었는데 이 중 동베를린은 동독의 수도가 되었고, 서베를린은 동독 영토 한가운데 위치한 서독의 도시가 되었기 때문이다. 동독 공산당은 동독 영토 가운데 있는 서베를린을 여러 가지 방법으로 고립시키려 했다. 이를 위해 동베를린과의 사이에 세운 거대한 베를린장벽은 동서 냉전과 독일 분단의 상징이 되었다.

독일은 분단되었을 뿐 아니라 철저히 파괴되어 있기도 했다. 당시 서독을 점령하고 있던 미국, 영국, 프랑스는 독일이 다시 강대국으로 일어서는 것을 용납할 생각이 없었다. 그러나 1950년 한국전쟁을 계기로 생각이 바뀌었다. 이들은 서독이 다시 부활해 전쟁을 일으킬 위험보다는 공산주의의 확산이 더 심각한 위험이라는 데 동의했다. 미국은 경제적 번영이 공산주의를 예방하는 가장 확실한 방법이라는 생각에서 전쟁으로 폐허가 된 유럽에 막대한 원조금을 제공하는 이른바 마셜 플랜Marshall Plan을 실시했다(1947). 서독 역시 막대한 원조금을 지원받았다.

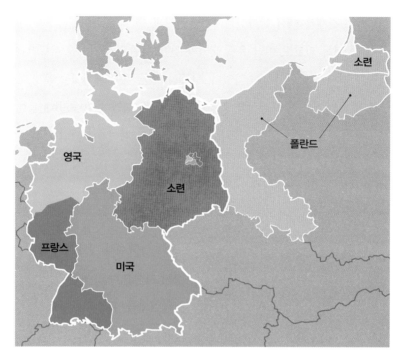

연합국의 독일 분할 점령 및 소련과 폴란드에 합병된 독일 영토

서독 경제가 다시 살아났다. 하지만 이게 꼭 원조금 때문만은 아니다. 당시 서독 말고도 여러 유럽 국가가 같은 지원을 받았지만 서독만큼 빠르게 경제가 살아나지는 않았다. 서독의 빠른 경제 재건에는 분명 독일인 특유의 우직함과 성실함, 근검함이 큰 힘이 되었다. 1960년대 들어서면서 불과 10여 년 만에 서독은 언제 전쟁으로 폐허가 되었냐는 듯 재건을 마쳤으며 1970년대 들어서는 유럽 제일의 경제 대국이 되었다. 두 차례의 세계대전으로 철저히 파괴된 독일이, 그것도 분단된 반쪽의 독일이 또다시 유럽 경제 1등이 된 것이다.

이 놀라운 성과를 외부에서는 '라인강의 기적'이라 부르지만 독일인들은 이 말을 거의 쓰지 않는다. 그저 '경제 기적'이라고 부른다. 비슷한 시기 동독 역시 공산주의국가 중에서는 국민소득이 가장 높은 나라가 되었지만 서독의 눈부신 발전 앞에 빛을 잃었다.

과거사 청산의 시작이 된 68혁명

라인강의 기적으로 국력을 거의 회복한 독일이지만 여전히 국제적인 영향력을 행사하기에는 끔찍한 전쟁범죄의 기억이 또렷했다. 흔히 독일은 전쟁범죄를 계속 속죄하고 피해국에 진정으로 사죄함으로써 갈등을 해결했다고 알려져 있지만 사실은 그렇지 않다.

동독은 소련의 철저한 지배를 받고 있었으니 예외로 하고, 서독이 내부적으로 전쟁범죄에 취한 태도는 '잊어버리기'였다. 뉘른베르크 전범 재판에서 전범들을 처형했으니 더 이상 지난 일을 거론하지 않고 잊히길

기다린 것이다.

그런데 전쟁 직후 태어난 세대는 성인이 되어 과거 독일이 저질렀던 만행을 알고 큰 충격에 휩싸였다. 자라는 동안 부모나 선생으로부터 듣지 못했던 사실들이기 때문이다. 청년들은 자신의 부모가 나치 집권과 잔혹한 인종 청소의 암묵적인 동조자였다는 사실에 충격을 받았고, 기성세대에 대한 반감을 높였다. 1960년대는 청년들의 이러한 저항으로 점철되어 1968년에 절정을 이루었다. 이를 '68혁명'이라 부른다.

68혁명의 분위기 속에 좌파 정당인 사회민주당이 권력을 잡았다. 총리가 된 빌리 브란트Willy Brandt는 동서 냉전의 악순환을 끊고 소련, 폴란드 등 공산권 국가와 온건한 관계를 맺는 이른바 '신동방정책'을 폈다. 그런데 이를 위해서는 제2차 세계대전 때 소련, 폴란드에서 수많은 민간인을 학살했던 과거사에 대한 사죄가 필요했다. 68혁명은 여기에 필요한 국민적 양심을 뒷받침해 주었다.

빌리 브란트 총리는 폴란드 아우슈비츠Auschwitz에 있는 희생자 위령탑 앞에 무릎을 꿇고 사죄했다. 이는 독일이 과거사를 청산했음을 보여주는 상징적인 장면으로, 세계에 많은 감동을 주었다. 이후 독일은 국가주의, 민족주의 교육을 배제하고, 부끄러운 과거사를 중요한 역사로 다루는 등 과거사와의 적극적인 단절에 나섰다.

독일의 이러한 과거사 청산은 충분히 가치 있고 칭찬받을 일이지만 전쟁이 끝나고 무려 25년이 지난 다음의 일임에 주목해야 한다. 자신의 부모 세대를 증오하고 부끄럽게 여기며 사죄를 촉구한 젊은이들의 항거가 없었다면 독일 역시 일본과 마찬가지로 과거사에 대해 모른 척하고 넘어갔을 것이다. 오히려 대부분의 독일인은 자신들도 나치 독재자의 희생자들이며 다른 나라에 저지른 범죄는 몇몇 정신 나간 전쟁범죄자들의 행동이라고 변명하거나 아예 침묵했을 것이다.

유럽 통합의 길

라인강의 기적으로 국력을 회복한 서독은 다시 국제사회에 영향력을 발휘하면서 동시에 소련의 위협으로부터 보호받을 국가 간 협력 체제가 절실했다. 이를 위해서는 아직도 전범 국가의 이미지가 남아 있는 독일을 대신할 다른 이름표가 필요했다. 따라서 서독은 처음부터 유럽 통합 과정에 적극적이었다. 독일의 이름이 아닌 유럽의 이름으로 국제사회에 영향력을 행사할 수 있는 기회를 마다할 이유가 없었다.

여기에 미국과 동등한 목소리를 내고 싶어 했던 프랑스의 이해관계가 일치했다. 프랑스는 미국, 소련보다 약하지만 유럽이 하나로 뭉치면 무시할 수 없는 세력이 되기 때문이다. 게다가 1990년대 이전까지만 해도 프랑스의 경제력은 서독에 뒤떨어지지 않았고 군사력은 훨씬 더 강했기 때문에 통합된 유럽을 주도할 수 있다고 믿었다. 유럽 통합으로 기대되는 국익이 서로 일치한 순간, 몇 차례씩 서로의 수도를 함락시켜 가며 수백만 명씩 죽이고 죽었던 두 나라가 동맹을 맺었다.

처음에는 프랑스, 서독, 이탈리아, 네덜란드, 벨기에, 룩셈부르크가 관세를 낮추고 공동시장을 창출하는 유럽경제공동체EEC를 구성해 상호 간의 경제협력과 관세 철폐 등을 보장하는 하나의 경제권을 만들었다

(1957). 영국은 프랑스가 주도하는 유럽경제공동체 대신 오스트리아, 스웨덴, 스위스, 덴마크, 노르웨이, 포르투갈, 핀란드, 아이슬란드 등과 함께 유럽자유무역연합EFTA를 만들어 대항했다(1960). 그러다 결국 영국, 덴마크, 포르투갈이 유럽경제공동체에 가입함으로써 대세는 유럽경제공동체 쪽으로 기울었다.

이렇게 유럽이 하나의 통합된 시장으로 바뀌어 가면서 제조업이 발달한 서독은 큰 혜택을 보았다. 유럽 전체를 마치 국내시장처럼 활용할 수 있었기 때문이다. 서독은 해마다 엄청난 수출과 무역수지 흑자를 기록하며 경제 대국으로 발전했다. 1970년대 들어 서독은 전쟁의 폐허를 완전히 극복했고 1980년대에는 미국과 일본에 이어 세계 3위, 유럽 제1의 경제 대국으로 발돋움했다.

시민들의 손에 무너진 베를린장벽

서독이 유럽경제공동체의 울타리 안에서 경제 대국으로 성장하는 동안 동독의 상황은 어땠을까? 동독은 사회주의통일당의 1당 독재, 그리고 에리히 호네커Erich Honecker의 사실상 1인 독재 치하에 있었다. 그래도 나름 공산권 국가 중에서는 제일 잘사는 나라로 성장했다. 그러나 서독과의 격차는 갈수록 커졌다. 일단 영토 자체가 서독의 4분의 1밖에 되지 않았고 국내총생산도 6분의 1 정도에 불과했다.

그래도 1인당 국민소득은 서독의 3분의 2, 일반적인 선진국 수준에 도달한 상황이기에 통일 당시에는 서독도 크게 걱정하지 않았다. 하지만 이는 그럴듯한 포장에 불과했다. 당시 동독은 공산주의 특유의 비효율적인 산업구조와 관료들의 부패로 곪아 있었다. '철의 장막'(헝가리 편 참조) 안에서만 유통되는 시장이라 동독 기업들이 기를 펴고 있었지만 이 중 대부분은 시장이 개방되면 금세 경쟁력을 잃어버릴 한계 기업들이었다.

무엇보다 환율이 엉터리였다. 당시 동독은 외환시장의 시세를 따르지 않고 정부가 직접 환율을 정했기에 당시 환율은 동독 마르크화를 실제 가치보다 훨씬 높게 반영하고 있었다. 따라서 동독 마르크화의 가치는 동독 바깥에서 국내 가치의 2분의 1 이하로 평가 절하되었고, 동독으로 수입된 물품의 가격 역시 공식 가격보다 2~3배 비싸게 암시장에서 거래되었다. 즉 동독의 1인당 국민소득은 서독의 3분의 2가 아니라 실제로는 4분의 1 정도에 불과했다.

이런 식의 눈속임이 통하려면 국민들을 나라 밖으로 나가지 못하게 해야 했고 나라 밖의 소식도 보고 듣지 못하게 해야 했다. 이를 위해 동독 정부는 슈타지Stasi라는 무시무시한 비밀경찰을 곳곳에 배치해 시민들의 일거수일투족을 감시했다. 정부에게 조금이라도 불만을 드러내면 문자 그대로 쥐도 새도 모르게 잡아갔다.

그러나 대다수의 동독 시민은 이런 통제 속에서도 정부에게 속지 않았다. 그들은 서독이 훨씬 부유하고 자유롭다는 것을 알고 있었으며 어떻게 해서든 동독에서 벗어나 서독으로 건너가고 싶어 했다. 그러자 동독 정부는 동베를린과 서베를린 사이에 거대한 콘크리트 장벽, 일명 '베를린 장벽'을 설치한 뒤 국경경비대를 배치했다. 서베를린으로 가기 위해서는 누구라도 이 장벽을 통과해야 했고 허가 없이 장벽에 접근하면 그 자리에서 총살당했다. 베를린장벽은 동서 냉전의 상징이자 동서 세력의 경계선이 되어 버렸다.

그러던 중 1989년, 소련 공산당의 힘이 약해지면서 당시 소련 공산당 서기장 미하일 고르바초프Mikhail Gorbachev가 기존의 공산주의 정책을 포기하고 개혁, 개방 정책(글라스노스트glasnost)을 실시했다. 소련 공산당조차 존망을 장담할 수 없는 상황에서 위성국가들까지 챙길 여력이 없었던 것이다. 이에 유럽의 여러 공산주의국가가 도미노처럼 무너지기 시작했다. 그 시작이 폴란드, 다음은 헝가리와 체코슬로바키아였다. 많은 동독 시민이 위험을 무릅쓰고 베를린장벽을 넘는 대신 헝가리나 체코슬로바키아로 건너간 뒤 그곳에서 오스트리아를 통해 서독으로 갔다. 다급한 동독 정부가 체코슬로바키아 국경을 폐쇄하자 불만에 찬 시민들이 대규모 시위를 열어 항의했다.

라이프치히Leipzig에서 수만 명이 참여하는 대규모 시위가 열렸다. 호네커는 인민군을 출동시켜 이를 진압하려 했지만 하급 장교들과 병사들이 명령을 거부했다. 호네커는 더 강력한 진압으로 시위를 잠재우려 했으나 이번에는 장군들이 거부했다.

결국 1989년 10월 17일, 40년간 동독을 통치해 온 에리히 호네커가 정권에서 물러났다. 그러나 동독 시민들은 이미 호네커가 아니라 공산주의 자체를 버린 상황이었다. 11월 4일, 동베를린에서 100만 명이 참여한 대규모 시위가 벌어졌다. 더 이상 손쓸 방법이 없던 공산당은 베를린장벽을 개방하고 동·서독 간의 자유로운 왕래를 허용할 것이라고 발표하면서 불만을 잠재우려 했다.

이마저도 이미 늦은 결단이었다. 동독 시민들은 공산당이 발표하기도 전에 망치와 곡괭이를 들고 베를린장벽으로 몰려갔다. 결국 베를린장벽은 공식적인 개방 발표가 나오기도 전에 동독 시민들의 손에 무너지고 말았다. 이 순간이야말로 동서 냉전의 끝을 알리는, 40여 년간 분단되었던 독일이 다시 통일의 길로 가는 상징적인 순간이다.

동독 정부가 더 이상 시민들에게 권력을 행사할 수 없음이 증명되었다. 시민들은 그동안 공포의 대상이었던 슈타지 지부들을 공격해 파괴했다. 이제 남은 선택지는 서독과 합쳐지는 것, 통일뿐이었다.

독일의 통일이 현실화되자 두 차례 세계대전으로 혼이 났던 영국, 프랑스, 폴란드 등이 격렬하게 반대했다. 그들에게 통일된 독일은 세계대전의 악몽과 다름없었다. 그러나 이미 동독은 망한 것이나 마찬가지였기에 통일 외에는 별다른 방법도 없었다.

당시 서독 총리 헬무트 콜Helmut Kohl은 제2차 세계대전 이후 폴란드에 합병된 영토(슐레지엔, 동프로이센)를 영원히 포기하겠다는 약속을 하고서야 폴란드와 프랑스의 반대를 잠재웠고, 통일된 다음에도 북대서양조약기구NATO에 남는다는 약속을 하고 미국과 영국의 승인을 얻었다. 이제 정말 남은 것은 통일뿐이었다.

독일의 통일 과정은 서독과 동독이 합쳐지는 과정으로 이루어지지 않았다. 먼저 독일민주공화국(동독)의 마지막 의회에서 동독이라는 국가의 소멸을 선포했다. 동독은 다섯 개의 주로 해체되었고, 이 다섯 개의 주가 독일연방공화국(서독)에 가입하는 순서로 통일이 이루어졌다. 동독이 망한 뒤 그 잔해를 서독이 흡수한 셈이다. 그리고 마침내 독일연방공화국

1989년, 베를린장벽 위에 올라선 시민들

유럽의 병자에서 유럽의 리더로, 독일

의 수도를 본에서 베를린으로 옮기는 것으로 통일 절차가 마무리되었다.

독일의 통일 과정은 우리에게 두 가지 교훈을 준다. 하나는 민주주의 국가와 공산주의국가 간의 일대일 협상에 의한 통일은 불가능하다는 것이다. 둘 중 하나가 망해서 흡수되는 통일 외에 다른 방법은 없다. 다른 하나는 통일은 분단된 양국의 힘만으로 이루어지지 않는다는 것이다. 민족자주통일은 희망사항일 뿐 결국은 주변 강대국의 승인이 있어야 가능하다.

다시 유럽의 지도자로

동독과 서독이 통일되면 국력이 늘어 당장이라도 유럽을 움켜쥘 것 같았지만 실상은 정반대였다. 통일된 독일은 곧장 경제난에 빠져들었다. 동독의 경제 상태가 너무 엉망이었기 때문이다. 공산주의국가였던 탓에 모든 기업이 국영이었지만 이 중 경쟁력 있는 기업은 거의 없었다. 철도, 통신 등 각종 인프라도 엉망이라 처음부터 다시 구축해야 했다. 사실상 개발도상국이나 다름없었다.

옛 동독을 서독 수준과 비슷하게 끌어올리기 위해서는 엄청난 비용이 필요했다. 이에 서독 국민은 '연대특별세', 일명 '통일세'로 소득의 10퍼센트가량을 납부해야 했다. 1990년부터 2009년까지 무려 2조 유로, 우리 돈으로 약 3,600조 원이라는 엄청난 세금이 징수되었다. 당연히 이 20년 동안 독일 경제는 상당히 고통스러운 시간을 보내야 했고, 서독 시민과 기업들은 왜 게으른 동독 때문에 자신들이 어려움을 겪어야 하느냐는 불만을 쏟아 냈다.

동독은 동독대로 불만이었다. 같은 독일인임에도 벌어지는 각종 차별, 서독과의 엄청난 소득 격차에서 빚어지는 소외감과 분노, 그리고 수많은 국영기업의 파산에서 비롯된 실업, 수십 년간 공산주의국가에서 살아온 탓에 도저히 적응이 안 되는 시장경제의 생활 방식, 젊은이들이 일자리를 찾아 서독 지역으로 옮겨 가면서 텅 비어 가는 마을들까지.

결국 독일은 1990년부터 2005년까지 '유럽의 병자'라는 비웃음을 사는 나라로 전락했다. 당시 독일의 1인당 국민소득은 유럽 평균에도 미치지 못했고 실업률은 10퍼센트가 넘었다.

하지만 동독의 재건이 어느 정도 마무리되고 통일세를 인하하기 시작한 2005년부터 독일 경제는 되살아나기 시작했다. 통일세가 완전히 폐지된 2010년 이후부터는 유럽에서 거의 독보적인 경제 대국의 자리를 차지하게 되었다. 10퍼센트가 넘던 실업률은 다시 4퍼센트 내외로 떨어져 완전고용에 가깝게 되었다. 2018년 기준, 독일은 무역 규모로는 세계 3위지만 무역 흑자 규모로는 압도적인 세계 1위를 기록하고 있다.

독일 통일 이후 유럽의 다른 나라들도 통합을 목표로 빠르게 움직였다. 1990년에는 유럽경제공동체가 경제를 넘어 정치적인 통합까지 목표로 하는 유럽공동체EC로 바뀌었다. 유럽에서는 독일뿐 아니라 다른 나라에서도 민족주의를 내세우는 것이 거북한 일로 치부되었다. 두 차례의 세계대전이 결국 민족의 갈등, 위대한 민족에의 비뚤어진 열망에서 왔으며 다른 나라도 여기에서 결코 자유롭지 않다는 데 의견이 모인 것이다. 대신에 이들은 민족과 국가의 차이를 넘어 유럽이라는 이름으로 뭉치고자 했다.

마침내 1995년, 경제 통합을 넘어 정치와 안보까지도 하나의 유럽으로 통합하는 것을 목적으로 하는 유럽연합EU이 결성되었다. 유럽연합 안에서는 여권 없는 자유로운 이동, 관세 없는 자유로운 거래가 가능했고, 개별 국가 통화를 폐지해 유로EUR라는 단일 화폐를 사용했다. 수출 위주의 경제 체제인 독일 앞에 통합된 유럽이라는 거대한 수출 시장이 마치 내수 시장처럼 펼쳐졌고 독일은 이를 거리낌없이 활용했다.

처음 유럽연합이 구성될 때는 영국이 '독불연합'이라고 투덜거릴 정도로 독일과 프랑스의 공동지도 체제에 가까웠다. 그러나 2019년 현재 유럽연합은 실질적으로 독일이 주도하고 있다. 문제는 과거 팽창주의, 패권주의 정책 덕분에 패전의 상처를 안고 있는 독일이 그 역할을 하지 않으려 한다는 것이다.

영국이 유럽연합 탈퇴(브렉시트Brexit)를 선언한 까닭 역시 패전국이었던 독일이 리더 노릇을 하는 유럽연합에서 후발대 역할을 할 수 없다는 민족 감정이 컸다. 어쨌든 두 차례의 세계대전으로 잿더미가 되고 강제로 분단되었던 독일이 결국 한 세기 만에 다시 유럽의 초강대국으로 돌아왔으니 그 저력만큼은 인정하지 않을 도리가 없다.

독일의
미래

● 이중적인 위치 속의 갈등

현재 독일은 나치 전범 국가의 그림자를 털어 내지 못한 가운데 유럽연합 리더 국가의 역할을 요구받는 기묘한 상황에 있다. 전쟁과 패망에 대한 깊은 상처는 독일인들로 하여금 강대국으로서 다른 나라들을 이끄는 역할을 두려워하도록 만들었다. 독일인들은 대외적으로 독일보다는 유럽연합이라는 정체성으로 자신을 드러내려 한다.

그동안 독일은 통합된 유럽 시장을 마치 국내시장처럼 활용하며 막대한 이익을 거두었고, 유럽 전체의 재정, 금융 정책을 독일에 유리한 쪽으로 움직여 왔다. 덕분에 독일은 유로화 통합 이후 엄청난 흑자를 거둬들이면서도 물가는 안정적으로 유지되는, 거의 반칙이나 다름없는 혜택을 누렸다.

반면 유럽의 다른 나라들은 사정이 그리 좋지 않으며 포르투갈, 스페인, 그리스, 이탈리아는 매우 나쁘다. 이런 상황이 계속되면 독일도 무사할 수 없다. 독일이 그토록 많은 돈을 벌어들이는 원천이 결국 유럽연합에 속한 이웃 나라들이기 때문에 이들의 경기 침체를 방치하는 것은 독일 역시 소득의 원천을 말리는 것이나 다름없다. 실제로 2018년부터 이미 그 영향이 나타나고 있어 독일의 성장률도 뚝 떨어지기 시작했다.

독일은 지금 자국의 이익과 유럽의 리더 역할 사이에서 갈등하고 있다. 사실 독일 국민은 리더 역할을 반기지 않는다. 독일 국민은 경제 기적에 대한 자부심이 높아서 다른 나라의 경제 침체는 그들의 문제이며 그들의 노력으로 해결할 일이라고 본다. 더구나 독일이 유럽의 최강국 행세를 할 때마다 그 마지막이 비참했다는 역사적 기억은 더더욱 독일이 유럽의 리더로 나서는 것을 어렵게 만든다. 이 딜레마를 어떻게 해결하느냐에 독일의 미래가 걸려 있다.

● 독일적인 것은 계속될 수 있을까?

흔히 '독일적'이라 불리는 기질인 합리적인 사고, 철저한 책임감, 꼼꼼하고 정확한 일 처리, 구획과 질서의 준수 같은 생활 방식에 대한 세대 간의 차이도 극복해야 할 문제다. 1990년대 이후에 태어난 젊은 세대, 또 그다음 세대는 과연 기존 독일인의 기질을 이어 나갈까? 독일인은 계속 독일인일 수 있을까? 아마 그렇지 않을 것이다. 또 그러한 독일적인 기질을 계속 이어 가는 것이 독일의 미래에 바람직한 것만도 아니다.

독일에서 젊은이들이 가장 많이 산다는 베를린은 이미 독일적 검소함과 실용성 대신 힙하고 핫한 도시로 온 유럽에 소문이 났다. 이들은 전쟁을 경험하지도 않았고 분단을 경험하지도 않았다. 이들이 경험한 독일은 오직 유럽의 맹주이자 경제적으로 번창하는 독일뿐이다.

독일의 젊은 세대는 틈만 나면 나치 시절의 만행을 반성하고 주변 나라에 사과를 반복하는 상황에 대해서도 불만을 느끼고 있다. 할아버지, 증조할아버지 시절에 있었던 일에 대해 왜 자기들이 죄책감을 느껴야 하느냐고 반문하기도 한다. 이러한 독일의 젊은 세대는 진보적이고 좌파적인 성향이 강했던 기성세대(68혁명 세대)와 자주 부딪친다.

젊은 세대의 이 같은 변화는 다른 한편에선 독일의 새로운 성장 동력으로 여겨지기도 한다. 강한 공동체의식을 밑천 삼아 성공한 독일이 창조성을 기반으로 하는 제4차 산업혁명 시대에 적응하고 있다는 증거이기도 하기 때문이다. 독일이 새로운 성공 방정식을 풀어낼지 주목받고 있다.

● 동서 격차, 그리고 이민자들

독일은 아직 완벽한 통일을 이루지 못했다. 정치적 통일은 완수되었고, 동독 출신의 총리 앙겔라 메르켈이 10년 넘게 독일을 책임지고 있지만 아직도 옛 서독 지역과 동독 지역의 경제적 격차는 심각하다. 또한 주민들 사이에도 보이지 않는 마음의 앙금과 서로를 향한 멸시가 남아 있다.

이런 상황 속에 이민자들까지 밀려들고 있다. 독일은 생각 외로 외국 이주민이 많이 와 있는 나라다. 2018년 기준, 독일 거주자의 30퍼센트 정도가 외국 출신이다. 이 중 터키 출신이 가장 많고 폴란드와 체코, 우크라이나 등에서 온 이주민도 많다. 최근에는 시리아를 비롯한 중동 지역 난민들까지 가세했다.

독일인임에도 차별 대우를 받고 있다고 생각하는 동독 출신 젊은이들 사이에서 이들에 대한 혐오가 커지고 있다. 심지어 독일 민족이 다른 민족들을 배척해야 한다고 주장하는 신나치주의자(네오나치Neo-Nazis)들까지 등장했다. 이들은 주로 일자리를 구하지 못한 동독 출신 젊은이들로, 터키 및 시리아에서 건너오는 무슬림 이주민들에 대한 혐오를 기반으로 세를 확대하고 있다.

독일은 그동안 전범 국가 이미지를 씻기 위해 유럽에서 난민에게 가

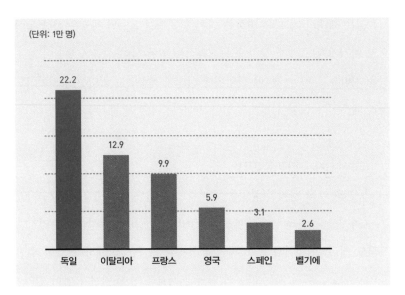

(단위: 1만 명)

22.2	12.9	9.9	5.9	3.1	2.6
독일	이탈리아	프랑스	영국	스페인	벨기에

각 나라로 망명 신청을 한 사람의 수(2017년 유럽연합 통계국 기준)

장 개방적인 정책을 펴 왔다. 그런데 중동 지역의 정치가 불안해지면서 수백만 명의 난민이 발생했다. 이 중 누가 진짜 정치적인 난민인지, 누가 일자리를 노리고 난민 지위를 획득하려는지 구별하기도 어려울 정도였다. 더구나 이들 중 대부분은 독일을 망명지로 선택했다. 잘사는 독일에서 일자리를 얻겠다는 의도가 아주 없지는 않았을 것이다. 그러자 독일에서 국민, 특히 젊은이들의 불만이 높아졌다.

동·서독의 격차와 보이지 않는 차별 문제, 이미 인구의 30퍼센트를 차지할 정도로 늘어난 이주 노동자, 여기에 수십만 명의 무슬림 난민까지 몰려오면서 독일은 다문화 충격이라는 새로운 도전을 마주하고 있다. 독일이 이 난관을 잘 극복하고 여러 민족, 문화가 공존하는 나라로 거듭나면서 진정한 속죄에 성공할지, 아니면 또다시 인종, 민족 혐오라는 과거의 잘못을 되풀이할지 세계가 주목하고 있다.

독일에서
조심해야 할 것들

● 약속

근면, 성실, 정확, 질서에 모두 해당되는 기본 중의 기본이 시간 약속이다. 독일인과의 시간 약속은 철칙이다. 그렇다고 단 1분도 늦으면 안 될 정도는 아니지만 대체로 15분이 이들의 한계다. 심지어 학생들도 교수가 15분 이상 늦으면 더 기다리지 않고 강의실을 떠난다. 늦을 수밖에 없는 사정이 생기면 가능한 한 상대방이 약속 장소에 도착하기 전에 미리 상황을 정확히 알려 주고 변경된 약속 시간을 잡아야 한다. 업무 시간 역시 약속된 시간이라 업무 시간에 사적인 이야기로 시간 낭비하는 것을 싫어하고, 개인 시간에는 업무 이야기로 휴식을 방해받는 것을 매우 싫어한다.

시간뿐이 아니다. 말을 했으면 지켜야 한다. 지키지 못할 사정이 생기면 반드시 먼저 알려야 한다. 독일은 핑계가 통하지 않는 사회다. 이런저런 핑계를 붙이면 책임감 없어 보일 뿐 아니라 상대방의 지적 수준을 무시한다는 오해까지 받을 수 있다.

● 공동생활 규칙

독일은 규칙의 나라다. 특히 한 주택에 여러 가구가 모여 사는 경우 어김없이 공동생활 규칙이 만들어져 있다. 이걸 가볍게 생각하면 안 된다. 꼼꼼하게 읽어 보고 무조건 지켜야 한다. 자기 현관문 앞 복도나 계단 등의 청소, 쓰레기 분리배출 등 공동생활에 필요한 온갖 규칙이 나와 있고 누군가 이를 지키지 않으면 절대 참지 않고 반드시 항의한다.

특히 독일은 소리에 민감하다. 독일인은 영국이나 프랑스에서 '우울한 나라'라고 표현할 정도로 조용하다. 소리를 잘 내지 않을 뿐 아니라 소리가 나는 것도 싫어한다.

이웃 간에도 소음 때문에 자주 다투며 심지어 경찰을 부르기도 한다. 그 소음의 기준이 우리와 상당히 다르다. 일부러 큰 소리를 내는 게 소음이 아니라 소리를 내지 않으려 조심하지 않으면 소음이다.

독일인은 매우 일찍 잠자리에 든다. 저녁 8시면 벌써 일과를 마치고 잠자리에 들 준비를 한다. 그러니 가급적 저녁 7시가 지나면 집 안에서의 소음에 유의하자.

● **합석과 인사**

합리적이고 실용적인 독일인은 식당 같은 공공장소에서 타인과 합석하는 것을 당연하게 여긴다. 우리나라에서는 4인 테이블에 두 사람이 앉아 있으면 그 테이블을 만석으로 간주하지만 독일에서는 자리가 없으면 고급 레스토랑이 아닌 이상 다른 사람이 와서 앉는 경우가 많다.

물론 다짜고짜 합석해서는 안 된다. 반드시 인사를 건네며 공간 침범의 양해를 구하고 앉아야 한다. 단 서로 인사를 나누었다 해서 대화할 수 있는 건 아니다. 마주 앉은 즉시 남남으로 돌아간다. 각자의 영역 밖 타인에 대해 서로 없는 사람처럼 무관심하라. 이들은 영역 침범에 민감하다.

제국의 DNA를 품은

강소국

오스트리아

오스트리아에 대한
오해

호주와는 관계없는 오스트리아

한번쯤 오스트리아Austria와 오스트레일리아Australia를 헷갈린 경험이 있을 것이다. 이 두 나라는 비슷한 점이라고는 찾을 수 없는 전혀 다른 나라이며 위치도 아주 멀리 떨어져 있다. 심지어 어원도 다르다. 다만 철자만 비슷할 뿐이다. 그럼에도 오스트리아를 오스트레일리아로 착각한 뒤 다시 호주라고 부르는 일까지 종종 있다. 참 난감하다. 예를 들어 이승만 전 대통령의 부인 프란체스카 도너 리Francesca Donner Rhee는 오스트리아 출신인데, 당시 꽤 많은 한국인은 대통령 부인이 호주 사람이라고 말하곤 했다. 어르신 중에 아직도 그렇게 말하는 분이 있다.

독일과는 처음부터 다른 나라?

오스트리아는 역사적, 민족적, 문화적으로 독일과 떼려야 뗄 수 없는 사이다. 독일과 오스트리아는 민족과 언어, 문화가 거의 일치한다. 오스트리아의 수도 빈은 수백 년 동안 독일제국(신성로마제국)의 수도였고, 오스트리아가 프로이센에게 패배해 통일된 독일제국에서 밀려날 때까지 오스트리아 군주는 형식적이나마 독일 황제 자격으로 독일의 여러 영방국가들을 대표하는 위치에 있었다. 우리나라로 치면 서울, 경기만 따로 잘라 내 별도의 작은 나라를 세워 놓은 꼴이다.

그래서 오스트리아인에게 '독일'이라는 이름은 두 개의 뜻을 가지고 있다. 하나는 현재 존재하는 '독일연방공화국'이라는 국가다. 이런 의미에서 오스트리아인에게 "당신은 독일인입니까?"라고 묻는다면 당연히 고개를 가로젓는다. 오스트리아공화국과 독일연방공화국은 명백히 다른 나라다. 하지만 '독일 민족'을 뜻하는 것이라면 이건 기꺼이 받아들인다. 심지어 독일보다 오스트리아가 독일 문화에 관해 더 정통이라는 자부심까지 가지고 있다. 그렇다고 해서 독일과 별도의 나라가 되어 있는 상황을 민족 분단의 비극으로 여기지는 않는다. 물론 독일과 오스트리아는 국제법으로 절대 통일할 수 없게 되어 있다. 두 나라는 한 민족이니 통일해야 한다는 말을 했다가는 나치로 몰리기 딱 좋다.

관광업에 의존하는 경제구조?

흔히 오스트리아 하면 알프스산맥의 수려한 풍경을 배경으로 하는 관광지를 떠올린다. 실제로 오스트리아는 관광자원이 풍부하다. 여름이면 온 세계 음악 팬들을 불러 모으는 잘츠부르크 페스티벌Salzburg Festival, 겨울이면 온 세계 스키 애호가들을 불러 모으는 동계 스포츠의 중심지,

오랫동안 유럽의 중심지 역할을 한 국제도시 빈의 화려한 문화유산 등이 대표적이다. 오스트리아는 한 해에 3,000만 명 이상의 관광객이 찾는 관광대국으로, 관광객이 인구의 세 배가 넘는다.

하지만 오스트리아 경제에서 관광업이 차지하는 비율은 생각보다 크지 않다. 오스트리아는 기본적으로 제조업 강국이다. 오스트리아의 제조업은 독일과 많이 연계되어 있다. 독일 기업에 납품하는 각종 기계 부품과 오랜 문화적 전통을 바탕으로 하는 디자인 산업, 이른바 장인 정신이 필요한 각종 고급 공예품 등이 오스트리아의 주요 생산물이다. 특히 각종 겨울 스포츠와 산악 스포츠 관련 제품들은 오스트리아제를 상대할 것이 없다. 세계 곳곳의 케이블카(로프웨이), 산악철도, 스키 곤돌라의 절반 이상이 오스트리아제 제품이다.

또한 오스트리아는 동유럽과 서유럽, 남유럽과 북유럽이 만나는 교차점에 있는 나라이자 영세중립국이기 때문에 각종 국제 협의나 행사를 치르기에 적당한 곳이다. 수도인 빈은 물론 그라츠Graz, 잘츠부르크 같은 도시에서도 여러 국제 행사가 열린다.

클래식만 듣는 사람들?

오스트리아는 클래식의 나라로 알려져 있다. 오스트리아의 클래식은 엄청난 역사와 전통, 인프라를 자랑한다. 작곡가만 해도 프란츠 요제프 하이든Franz Joseph Haydn, 볼프강 아마데우스 모차르트Wolfgang Amadeus Mozart, 프란츠 페터 슈베르트Franz Peter Schubert, 요한 슈트라우스Johann

Strauss, 아놀드 쇤베르크Arnold Schonberg 등 끝도 없는 명단이 나온다.

하지만 오스트리아인이 클래식만 듣는 건 아니다. 즐기지 않는 사람도 상당히 많다. 2006년에는 모차르트 탄생 250주년 행사가 나라 곳곳에서 열리자 '모차르트 프리 존Mozart free zone'을 만들어 모이는 사람들도 있었다.

오스트리아는 다양한 전위적 예술도 발달한 나라다. 모차르트의 도시 잘츠부르크에서는 세계 최대의 클래식 축제인 잘츠부르크 페스티벌이 끝나고 곧 바로 세계적인 재즈 페스티벌인 잘펠덴 재즈 페스티벌Jazz Festival Saalfelden이 열린다. 그 밖에도 오스트리아 곳곳에서 클래식뿐 아니라 다양한 종류의 음악이나 공연예술 축제가 열리고 있다.

오스트리아의
이모저모

8개국과 국경을 맞댄 요충지

오스트리아의 면적은 8만 3,879제곱킬로미터로 우리나라보다 조금 작다. 게다가 국토의 3분의 2가 알프스 산악 지역이라 평지는 얼마 되지 않는다. 하지만 전체 인구가 서울 인구보다도 적은 875만 명으로, 인구밀도가 낮아 비좁다는 느낌은 들지 않는다. 수도 빈의 인구는 170만 명 정도인데 이마저도 인구가 수도에 극단적으로 집중되어 있는 경우다. 제2의

도시인 그라츠의 인구는 25만 명에 불과하고, 이 외에는 인구 20만 명 미만의 소도시가 대부분이다.

알프스 산지를 뺀 국토의 나머지 3분의 1은 주로 다뉴브강 유역이다. 다뉴브강은 알프스에서 발원해 독일, 오스트리아, 체코, 헝가리, 루마니아 등 여러 나라를 거쳐 흑해Black Sea로 들어가는 2,860킬로미터의 큰 강이다. 여러 나라를 지나다 보니 이름도 각 나라마다 달라서 독일어 도나우Donau, 체코어 두나이Dunai, 헝가리어 두너Duna, 루마니아어 두나레Dunare 등으로 불린다. 이 책에서는 국제 공용어인 영어로 표기해 다뉴브강이라 부르겠다.

오스트리아는 유럽의 한가운데, 그야말로 요충지에 자리 잡고 있어서 독일, 체코, 슬로바키아, 헝가리, 이탈리아, 스위스, 슬로베니아, 리히텐슈타인 등 무려 8개국과 국경을 마주하고 있다. 기후는 서안해양성기후로 독일과 비슷하지만 알프스 산간 지역은 겨울에 상당히 춥고 눈도 많이 내린다.

연방총리 중심의 의원내각제

오스트리아는 영토가 우리나라보다 10퍼센트 정도 작고, 인구는 6분의 1밖에 안 되지만 중앙집권국가가 아닌 연방제를 채택하고 있다. 오스트리아의 연방주는 모두 9개로 이루어져 있다. 이 중 빈, 니더외스터라이히Niederösterreich 같은 주는 인구가 100만이 넘어 전체 인구의 절반이 거주하고 있다. 반면 부르겐란트주Burgenland 같이 인구가 20만 명밖에 안 되는

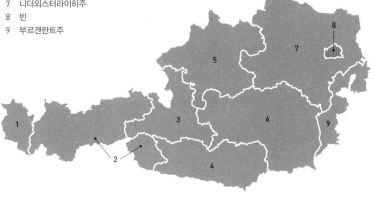

● 연방주
● 수도

1 포어아를베르크주
2 티롤주
3 잘츠부르크주
4 케른텐주
5 오버외스터라이히주
6 슈타이어마르크주
7 니더외스터라이히주
8 빈
9 부르겐란트주

오스트리아 행정구역

주도 있다. 각 주는 독자적인 주정부와 주의회를 구성하고 있으며 임기 5년인 주의회에서 주총리를 선출한다. 각 주의회는 연방상원의원을 파견해 연방정부에 각 주의 입장을 대변하도록 한다.

오스트리아의 주요 지역을 소개한다.

● 빈Wien, 니더외스터라이히주Niederösterreich

오스트리아의 인구와 산업이 집중된 곳이다. 우리나라로 치면 수도권에 해당한다. 한때 유럽에서 가장 큰 나라였던 오스트리아의 과거를 상징하는 많은 문화유산이 남아 있다.

● 슈타이아마르크주Steiermark, 오버외스터라이히주Oberösterreich

오스트리아의 제조업이 모여 있는 곳이다. 슈터이어마르크주의 주도인 그라츠는 오스트리아에서 두 번째로 큰 도시며, 오버외스터라이히주의 주도 린츠Linz는 세 번째로 큰 도시다.

● 잘츠부르크주Salzburg

모차르트의 고향으로, 도시 곳곳이 모차르트와 관련된 유적으로 가득한 관광도시다. 또한 이곳은 알프스산맥의 아름다운 풍경(영화 〈사운드 오브 뮤직The Sound of Music〉에 나오는 그곳)과 세계 최대의 클래식 축제인 잘츠부르크 페스티벌이 열리는 곳이기도 하다.

● **티롤주**Tirol, **케르텐주**Kärnten

이 두 지역은 알프스산맥이 펼쳐 놓은 자연경관이 뛰어나다. 여름에는 등산과 트레킹을 즐기는 사람들로 붐비고, 겨울에는 세계 최고 수준의 스키장들이 관광객들을 유혹한다.

오스트리아의 연방정부는 의원내각제를 채택하고 있지만 대통령 역시 국민 직선으로 선출한다는 점에서 대통령제의 요소도 있다. 오스트리아의 대통령은 대외적으로 국가를 대표한다는 것 외에는 아무런 권한이 없다. 실질적인 권한은 의회가 선출하는 연방총리와 총리가 임명한 각 부장관들이 구성하는 내각에게 있다. 독일과 마찬가지로 과반 의석을 획득한 정당이 없을 경우 몇 개의 정당이 연합해 총리를 선출한다.

오스트리아는 제2차 세계대전 패전국으로 연합국의 점령 통치를 받다가 1955년에야 독립을 승인받았다. 그리고 2013년까지 총리는 계속 진보 성향의 중도좌파 정당인 오스트리아 사회민주당의 몫이었고, 보수 성향의 오스트리아 국민당은 만년 2위 정당이었다. 그러다 2017년에 국민당의 제바스티안 쿠르츠Sebastian Kurz가 만 31세라는 젊은 나이로 총리가 되면서 정권 교체를 이루었다. 하지만 쿠르츠는 노골적인 반이슬람 정책, 난민 추방 등 극우적인 모습을 자주 보였고, 심지어 신나치주의 정당으로 분류되는 자유당과 연정을 꾸리는 등 많은 비판을 받았다. 그래서 '오스트리아의 트럼프'라는 별명까지 있다. 유럽과 미국의 전반적인 우경화 바람이 유럽에서 가장 좌파적인 나라 중 하나인 오스트리아까지 흔들고 있다.

관광업과 제조업으로 일어선 경제 선진국

오스트리아는 경제가 매우 탄탄한 나라다. 우선 오스트리아는 천혜의 자연경관과 과거 합스부르크 왕조 시절의 영광을 증명하는 풍부한 문화유산 덕분에 인구의 몇 배나 되는 관광객이 찾아오는 세계적인 관광대국이다.

그렇다고 해서 관광 수입에만 의존하는 나라는 결코 아니며 제조업도 상당히 발달한 나라다. 당연한 결과로 오스트리아는 세계에서 가장 부유한 나라 중 하나다. 2018년 기준, 오스트리아의 1인당 국민소득은 5만 3,764달러에 이르는데 이는 세계에서 열네 번째로 높은 수치다. 또 유럽의 많은 나라가 저성장, 역성장에 시달리고 있는 것과 달리 해마다 2~3퍼센트의 안정적인 경제성장률을 기록하며 전형적인 강소국의 면모를 보여 주고 있는 나라다.

튼튼한 경제 덕분에 수도 빈은 세계에서 가장 살기 좋은 도시로 손꼽힌다. 사실 빈은 100년 전에도 유럽에서 가장 인기가 많은 도시이긴 했다. 심지어 홀로코스트를 피해 탈출했던 유대인 중 상당수가 빈에서의 생활을 잊지 못해 돌아오기도 했다.

제국의 기억을 간직한 문화

● 개방적인 사람들

오스트리아인의 성향은 기본적으로 독일인과 비슷하다. 어차피 같은 민족이니 그럴 수밖에 없다. 하지만 역사적 경험이 다르기 때문에 여기에서 비롯되는 차이도 만만치 않다.

독일은 지난 수백 년 동안의 역사 속에서 신성로마제국의 변방이었던 반면 오스트리아는 제국의 중심부였고 빈은 제국의 수도이자 유럽의 중심 도시였다. 제1차 세계대전 이전까지 유럽에서 성공을 꿈꾸는 젊은 이들이 모여드는 도시는 빈과 파리였다. 쇼팽도 빈에서 공부하고 파리에서 성공했다. 오늘날의 뉴욕 같은 위상을 가진 셈이다.

이런 역사적 경험을 500년 이상 누려 왔기에 오스트리아인은 독일인보다 훨씬 국제적이고 개방적인 성향을 띤다. 또 역사와 전통이 깊은 나라인 만큼 영화나 만화에서 볼 수 있던 신사, 숙녀의 전통 예절이 일상생활에서도 이루어지는 나라다.

독일인들은 외국인은커녕 다른 지방 사람들에 대해서도 경계하는 태도를 보이지만 같은 독일어를 사용하는 오스트리아인은 외국인에 대해 호기심과 호감을 가지고 다가온다. 지금은 비록 우리나라보다도 좁은 영토의 나라지만 마음속에는 여전히 드넓은 제국의 DNA가 남아 있는 셈이다.

● 유쾌하고 아름다운 삶을 추구

오스트리아의 국가國歌인 〈산의 나라, 강의 나라Land der Berge, Land am Strome〉는 클래식의 나라답게 모차르트가 작곡했다. 1절 가사를 보면 이 나라 사람들의 가치관이 바로 드러나는데, 그것은 바로 아름다움에 대한 예찬이다.

산의 나라, 강의 나라, 들판의 나라, 성당의 나라,

찬란한 미래를 가진 망치의 나라!

위대한 딸들과 아들들, 아름다움의 은총을 받은 민족의 고향.

큰 찬양을 받은 오스트리아, 큰 찬양을 받은 오스트리아!

실용적이고 건조한 느낌의 독일인과 달리 오스트리아인은 아름다움과 멋을 추구하는 세련된 사람들이다. 취미 생활도 다양하며 미식 문화도 발달해 있다. 특히 국가에서 보여 주듯 자연을 즐기는 취미 생활이 매우 발달해 있어 산책, 트레킹, 등산, 스키, 사이클 등 온갖 아웃도어 활동이 활발하게 이루어진다.

오스트리아인이 가장 좋아하는 여가 활동은 아름다운 자연을 감상하며 하이킹이나 트레킹 또는 사이클링을 한 뒤 교외에 자리 잡은 호이리게Heurige, 우리나라로 치면 주막에 가까운 야외 주점에서 포도주나 맥주를 곁들여 푸짐한 식사를 즐기는 것이다. 겨울이면 이 트레킹이나 하이킹이 스키로 바뀐다.

예술을 즐기는 삶도 매우 중요하다. 오스트리아는 아마 인구 대비 가장 많은 공연장과 오케스트라가 있는 나라일 것이다. 인구 10만 명이 넘는 도시 자체도 많지 않지만 그런 작은 도시에도 오페라나 발레를 공연할 수 있는 극장이 반드시 있으며 거의 모든 마을마다 악단이 있다.

이렇게 음악을 좋아하다 보니 음악 축제도 많다. 세계적인 축제인 잘츠부르크 페스티벌은 물론 빈 페스티벌Vienna Festival, 아이젠슈타트 하이든 페스티벌Haydn Festival Eisenstadt 등이 전 세계 음악 팬을 끌어 모으는 축제들이다. 그 밖에도 각 소도시 마을마다 나름의 개성 있는 축제들이 열린다.

● 독일 문화의 정수

오스트리아는 독일 문화의 중심부였다는 자부심이 강하다. 프로이센에 의한 독일의 통일 과정을 살펴보면 16세기부터 1871년까지 거의 400년간 독일의 중심부였던 오스트리아를 뚝 잘라 별개의 나라로 만들었다는 느낌을 준다. 오스트리아는 독일 역사 속에서 영국의 런던, 프랑스의 파리 같은 곳이었다. 프랑스로 치면 파리 근방만 잘라 내 다른 나라로 만든 셈이다. 오스트리아인은 자기네 나라가 독일 민족 문화의 박물관 같은 역할을 하고 있다는 자부심을 가지고 있다.

독일과 마찬가지로 오스트리아 역시 문학, 철학, 과학, 음악, 미술이 골고루 발달했고 무수히 많은 대가의 업적과 작품이 남아 있다. 노벨상 수상자도 18명이나 된다. 인구가 독일의 10분의 1이라는 점을 감안하면 엄청난 숫자다. 이 중에는 물리학자들에게 숭배의 대상이나 마찬가지인 에르빈 슈뢰딩거Erwin Schrödinger와 볼프강 파울리Wolfgang Pauli, 20세기 최고의 동물학자 콘라트 로렌츠Konrad Lorenz 같은 위대한 과학자들, 자유주의 경제학의 대표자인 프리드리히 하이에크Friedrich Hayek 등이 포함되어 있다. 지크프리트 프로이트Sigmund Freud, 막스 아들러Max Adler, 루트비히 비트겐슈타인Ludwig Wittgenstein, 칼 포퍼Karl Popper 등 인류 지성사의 큰 획을 장식한 사상가들 역시 오스트리아 출신이다.

그래도 역시 오스트리아는 예술의 나라다. 에곤 실레Egon Schiele, 구스타프 클림트Gustav Klimt 같은 위대한 화가들을 배출했고 하이든, 모차르트,

슈베르트, 쇤베르크, 베르크 등 음악사를 뒤흔든 위대한 작곡가들도 배출했다. 또 수백 년간 유럽을 지배하다시피 한 합스부르크 왕가가 남겨 놓은 쇤브룬 궁전Schloss Schönbrunn, 벨베데레 궁전Schloss Belvedere, 성 슈테판 대성당Dom St. Stepha 등 화려한 건축물들과 전 세계의 걸작들을 수집해 놓은 빈 미술사박물관Kunsthistorisches Museum은 아름다움으로 축복받은 나라의 모습이 어떤 것인지 잘 보여 준다.

● **급진적인 성향**

독일인들이 보수적인 것과 달리 오스트리아인은 진보적인 성향이 강하다. 독립국가가 된 1955년 이래 오스트리아에서 우파 정당이 권력을 잡은 것은 2017년이 처음이다.

이는 빈이 프랑스 파리와 더불어 수백 년간 유럽의 허브 도시 역할을 했기 때문이다. 빈은 온 유럽에서 몰려온 사상가, 작가, 예술가 꿈과 희망을 펼치는 곳이었으며 온갖 급진주의자의 소굴이었다. 한마디로 오스트리아인은 온 유럽과 교류하며 살았다. 이런 전통이 있다 보니 오스트리아인은 비판적인 사고와 비평에 익숙하다. 친한 사이라 하더라도 거리낌 없이 신랄한 비판을 가하고 또 언제 그랬냐는 듯이 다시 친하게 지낸다.

● **가톨릭**

오스트리아는 가톨릭국가다. 전체 인구의 3분의 2가 가톨릭 신자이며 공식적으로 수입의 1퍼센트를 종교세로 납부하는 나라다. 국가의 공휴일이 대부분 가톨릭과 관련된 명절들이다. 이 중 부활절, 성모승천기념일(8월 15일), 예수수태고지일(12월 8일), 크리스마스가 중요한 명절이다. 최근에는 종교세 납부를 기피해 교회를 이탈하는 사람들의 수가 늘어나고 있고, 무슬림 인구도 늘어나고 있어 정기적으로 미사에 참례하는 사람들은 15퍼센트 정도에 불과하지만 종교 축일은 잘 챙긴다.

독일식 요리의 원조

아무래도 독일 문화권이다 보니 오스트리아 요리는 독일 요리와 많은 부분이 겹친다. 엄밀히 말하면 오스트리아의 음식 문화가 독일 문화권 전체로 확산되었다고 보는 게 맞다. 독일의 대표 요리인 슈니첼, 굴라쉬, 소시지 등이 모두 오스트리아에서 독일로 전파되었다. 따라서 독일 요리로 알려진 거의 모든 것을 오스트리아에서 맛볼 수 있다. 참고로 오스트리아 음식점이 독일보다 요리를 더 잘한다.

오스트리아에서 독일식 요리만 맛볼 수 있는 것은 아니다. 유럽의 허브 나라답게 프랑스 요리, 동유럽 요리 등도 즐길 수 있으며 중국식, 일본식 요리도 드물지 않다. 특히 디저트류가 매우 발달되어 있다. 오스트리아의 케이크는 세계 최고 수준이다. 독일 편에서 소개한 슈니첼, 굴라쉬 외에 오스트리아 특유의 요리 몇 가지를 소개한다.

● **타펠스피츠**Tafel Spitz

일종의 삶은 스테이크라고 할 수 있다. 송아지 고기를 각종 채소와

함께 육수에 삶아서 사과와 곁들여 먹는 요리다. 프란츠 요제프 1세Franz
Joseph I 황제가 즐겼던 요리라고 한다.

● **자허토르테**Sachertorte

세계 최고의 케이크라는 찬사를 받는 오스트리아의 대표 디저트다.
일종의 초콜릿 스펀지케이크인데 살구잼을 넣어 맛을 더했다. 정확한 레
시피가 공개되어 있지 않고, 조금만 배합을 잘못하면 제맛을 내지 못하
기 때문에 제대로 된 자허토르테를 맛보려면 오스트리아에 가는 수밖에
없다.

● **슈트루델**Strudel

페스트리에 속을 채운 음식이다. 수백 년 전부터 오스트리아에서 널
리 먹던 음식이다. 원래는 속에 고기나 채소 등을 넣어 식사로 먹던 것이
차츰 단맛의 디저트로 바뀌었다. 아펠슈트루델Apfelstrudel은 속에 사과를
넣은 것이며 살구, 감자, 고기를 넣어 만들기도 한다. 사과나 살구를 넣어
만든 슈트루델은 생크림 등을 부어 디저트로 먹고, 감자와 고기를 넣어
만든 슈트루델은 수프를 곁들여 식사로 먹는다.

● **카이저슈마렌**Kaiserschmarren

일종의 수플레 팬케이크로, 황제의 디저트라고도 불린다. 보통 팬케
이크에서는 느끼기 어려운 푹신한 느낌, 수플레에서는 느끼기 어려운 쫀
득한 식감을 동시에 느낄 수 있는 디저트다.

위: 자허토르테
아래: 아펠슈트루델

오스트리아의
역사

오스트리아의 역사 상당 부분이 독일과 겹친다. 엄밀히 말하면 오늘날 독일이라는 나라는 1871년 이후에 세워진 나라이며 그 이전에는 오스트리아가 신성로마제국과 독일연방을 대표했다. 그러나 신성로마제국, 독일연방의 역사는 독일 편에서 많이 다루었기 때문에 겹치지 않는 부분만 여기 소개한다.

로마제국의 전진기지

오늘날 오스트리아가 위치해 있는 다뉴브강 중류 알프스 산간 지역에 사람이 살기 시작한 역사는 매우 오래되었다. 다뉴브강을 따라 유럽 여러 지역으로부터 다양한 민족이 모여드는 교통의 요지라 이 땅의 주인도 자주 바뀌었다.

기원전 8세기경, 다른 유럽 지역과 마찬가지로 켈트족Celts이 이곳에서 문명을 일궜다. 기원전 2세기경에는 나라를 세워 노리쿰Noricum이라 했으나 얼마 지나지 않아 알프스산맥을 넘어 북상한 로마제국에 합병되었다. 로마는 노리쿰을 속주로 편입한 뒤 중심 도시 빈도보나Vindobona를 건설했다. 오늘날 빈의 이름이 여기에서 비롯되었다. 이후 로마제국이 쇠퇴하면서 5세기 말, 로마인과 켈트인은 이 지역에서 철수하고 훈족, 게르만족, 슬라브족, 아바르족Avar 등이 섞여 살며 서로 다투었다.

독일 민족의 땅

서유럽을 통일한 프랑크왕국의 카롤루스 대제는 아바르족을 괴멸시킨 뒤 이곳의 이름을 오스트마르크Ostmark라 불렀다. 이것이 오늘날 오스트리아라는 이름의 기원이다. 이 땅은 9세기에 유럽을 휩쓴 마자르족의 지배를 받다가 신성로마제국 황제 오토 1세가 마자르족을 격파하면서 신성로마제국 영토에 편입되었고 비로소 독일 역사의 한 자락이 되었다.

처음 오스트마르크는 바이에른의 한 부분으로 편입되었다. 하지만 오토 2세 황제는 바이에른의 세력을 약화시키기 위해 오스트마르크를 바이에른에서 분리시켜 바벤베르크Babenberger 가문에게 하사했다(976). 이후 바벤베르크의 군주들은 황제를 도와 여러 차례 공을 세움으로써 점점 지위가 높아져 오스트리아 공작이 되었다(1156).

바벤베르크 가문의 오스트리아는 훗날 등장하는 합스부르크 가문의 오스트리아처럼 강대국이 아니었다. 오히려 보헤미아(체코)의 압박에 시달리는 편이었다. 그러다 끝내 보헤미아의 오타카르 2세(체코편 참조)에게 점령당해 그 지배 아래 놓였다(1251).

어부지리의 달인, 합스부르크 왕가

신성로마제국의 선제후들은 오타카르 2세를 견제하고 자신들의 권력을 유지하기 위해 힘없는 무명의 합스부르크 백작 루돌프 1세를 황제로 선출했다. 그런데 이 루돌프 1세는 만만한 사람이 아니었다. 그는 황제의 권위를 내세워 제후들의 힘을 모아 보헤미아의 오타카르 2세를 무찌르고 오스트리아를 황제의 영지로 삼았다(1278). 이때부터 오스트리아는 1918년까지 840년간 합스부르크 가문의 본거지가 되었다. 합스부르크 왕조는 세계에서 가장 오래 이어진 왕조일 것이다(일본 천황가는 나라를 실제로 다스리지 않았으니 여기 해당하지 않는다).

신성로마제국의 선제후들은 합스부르크 가문이 갑자기 강해지자 다시 무명의 룩셈부르크 백작에게 황제 자리를 넘겼다. 하지만 별 볼 일 없을 줄 알았던 룩셈부르크 가문마저 보헤미아를 차지하며 강해졌다. 룩셈부르크 가문과 합스부르크 가문은 혼인을 통해 서로 동맹 관계를 맺어 선제후들의 견제에 대비했다. 그리고 양 가문 중 어느 한쪽에 후손이 끊어지면 상대 가문에서 그 자리를 잇는다는 상호 각서를 교환해 만일의 경우에도 선제후들이 왕위 계승 문제에 개입하지 못하도록 했다. 그런데 보헤미아 왕이자 신성로마제국 황제인 카를 4세가 후손 없이 죽음으로써 룩셈부르크 가문의 후손이 끊어졌다.

합스부르크 가문은 어부지리로 룩셈부르크 가문의 영지인 보헤미아, 헝가리를 획득했다. 이제 선제후들이 다 달려들어도 감당하지 못할 만큼 강력해진 합스부르크 가문은 선제후들을 압박해 신성로마제국의 황제 자리를 독점했다. 오스트리아는 공작령에서 대공령으로 승격하고 합스부르크 가문의 당주는 오스트리아 대공, 보헤미아 왕, 헝가리 왕, 독일 왕으로서 신성로마제국 황제라는 길고 긴 직책을 얻게 되었다.

이후 합스부르크 가문은 유럽의 여러 왕가와 복잡한 혼인 관계를 맺어 유럽의 거의 모든 나라 왕실 족보에 이름을 올렸다. 이로써 어느 나라든 왕손이 끊어지면 합스부르크 가문 출신의 사위나 외손이 그 왕위를 잇게 되면서 합스부르크 왕조는 신성로마제국 밖으로도 엄청난 영토를 거느리게 되었다(여기서부터 30년전쟁과 베스트팔렌조약까지는 독일 편 참조).

오스만제국과의 쟁패

베스트팔렌조약(1648) 이후 북독일에 대한 영향력을 상실한 합스부르크 왕조는 헝가리에서도 허울뿐인 왕관을 지키는 신세가 되었다. 실제로는 오스만제국이 헝가리를 지배하고 있었기 때문이다. 헝가리를 정복한 오스만제국의 욕심은 끝이 없었기에 오스트리아 왕좌마저도 위태로웠다. 오스만과 합스부르크, 두 제국의 전쟁이 계속되었다.

처음에는 화력에서 앞선 오스만제국의 공세에 오스트리아가 저항하는 형세였지만 17세기 후반 들어서부터는 오히려 오스트리아가 주도권을 쥐었다. 그러다 1683년 제2차 빈전투에서 오스트리아가 결정적인 승리를 거두었고 마침내 1699년에 오스만제국을 헝가리에서 완전히 몰아냈다.

이후 전세가 역전되어 오스트리아는 오스만제국이 지배하고 있던 발칸반도와 동유럽 영토들을 하나하나 접수해 나갔고, 러시아를 제외한 유럽에서 가장 큰 나라가 되었다.

근대국가의 기틀을 마련한 마리아 테레지아

18세기 들어 합스부르크 왕가의 위세가 기울어지기 시작했다. 명분상 신성로마제국의 황제였지만 이미 민족국가의 형태를 완성한 프랑스와 영국에게 국력이 뒤지기 시작했고 새로 떠오르는 프로이센 때문에 독일에서의 영향력도 상실하고 말았다. 아무리 영토가 넓어도 군주가 땅과 함께 백성을 소유하는 봉건국가로는 민족 전체가 하나로 뭉치는 근대 민족국가를 당할 수 없다는 것이 분명해졌다.

이 어려운 짐을 물려받은 인물이 카를 6세Carles VI 황제의 딸 마리아 테레지아Maria Theresia다. 마리아 테레지아는 카를 6세에게 아들이 없을 뿐 아니라 합스부르크 가문 자체에 남자 상속인이 없었던 상황에서 아버지의 제위를 계승했다. 그러자 유럽의 여러 군주, 특히 프로이센, 작센, 바이에른, 프랑스 등이 이를 인정하지 않았다. 정당한 계승자가 끊어졌다는 핑계로 제국을 분할해 나눠 가지려는 속셈이었다. 이들은 실제로 제국을 분할하기 위해 오스트리아로 쳐들어왔다. 이것이 오스트리아 왕위계승전쟁(1740~1748)이다.

프로이센의 프리드리히 대왕은 무작정 쳐들어와 슐레지엔을 공격했고 바이에른 왕 카를 알브레히트Karl Albrecht는 자신을 정당한 신성로마제국 황제로 선포했다. 프랑스도 한몫 챙기고자 여기 개입했다. 이들은 젊은 여자, 더구나 유럽 제일의 미녀로 이름난 여자, 정략결혼 대신 연애결혼을 고집한 감상적인 소녀 왕쯤은 금방 무너뜨릴 수 있다고 생각했다. 하지만 마리아 테레지아는 믿기 어려울 정도로 권력욕이 강하고 수완도 뛰어났다.

먼저 헝가리의 여왕으로 등극한 뒤 헝가리 귀족들의 협조를 얻어 군대를 확보했다. 그리고 황제를 주장하던 바이에른의 카를 7세Karl VII를 무력으로 제압했다. 이때 임신한 상태에서도 군대를 지휘할 정도의 엄청난 강단을 보여줌으로써 젊고 아름다운 여성 군주에 대한 불신을 날려 버렸다. 그러는 한편 여자 황제를 인정 못하는 전통에 무리하게 맞서는 대신 남편 프란츠 슈테판Franz Stephan을 명목상의 황제에 앉히고 자신은 황후라는 칭호에 머무름으로써 여자 황제에 대한 반발을 잠재웠다. 물론 정치적 실권은 황후가 다 장악하고 있었기 때문에 사람들은 황후가 아니라 여제라 불렀다.

황제 자리를 안정시킨 후 나머지 전쟁은 정치적으로 해결했다. 유럽 최강의 군대를 자랑하는 프로이센과는 전쟁을 고집하지 않고 영토(슐레지엔)를 내주어 손을 떼게 했다. 프랑스와의 전쟁은 프랑스의 앙숙인 영국과 동맹을 맺어 해결했다. 마침내 1748년에 유럽의 여러 나라 군주들로부터 자신을 오스트리아 대공, 보헤미아 및 헝가리의 여왕으로, 남편을 신성로마제국의 황제로 인정받는 아헨조약을 체결했다.

마리아 테레지아는 봉건국가가 아닌 중앙집권화된 근대민족국가가 되지 않으면 제국이 살아남을 수 없다는 것을 잘 알고 있었다. 영국의 명예혁명(1688)에 대해서도 알고 있었고, 프랑스에서 일어나고 있는 계몽사상과 시민혁명(1789)의 기운도 알고 있었다. 따라서 봉건적인 낡은 제도들을 철폐하고 근대적인 군대와 관료제를 도입한 후 근대산업을 육성하는 등 오스트리아를 근대국가로 바꾸기 위해 노력했다.

유럽에서 거의 최초로 의무교육제도를 도입해 평민들에게도 교육의 기회를 주었다. 다민족제국답게 각 지역의 언어로 교과서를 배포해 민족 간의 분란을 막고 국민 수준을 크게 높였다. 학문과 예술도 진흥해 빈은

위: 합스부르크 왕가의 여제 마리아 테레지아
아래: 마리아 테레지아의 여름 별장인 쇤브룬 궁전

파리를 넘어선 유럽 문화의 중심 도시로 떠오르게 되었다. 빈 외곽에 지은 아름답고 거대한 쇤브룬 궁전은 마리아 테레지아 시대의 오스트리아가 루이 14세Louis XIV 시대의 프랑스와 같은 위치였음을 보여 준다.

또 왕실이 사병을 고용해 힘을 유지하던 기존 방식 대신 평민들을 포함한 모든 국민을 대상으로 하는 징병제를 실시하고 월급까지 지급함으로써 군사력도 크게 강화했다.

이런 근대적 사고방식의 소유자였던 마리아 테레지아는 프랑스 루이 16세Louis XVI의 왕비가 된 딸 마리 앙투아네트Marie Antoinette를 늘 걱정했다. 백성들에게 잡혀 목이 잘린 영국 왕 찰스 1세Charles I와 명예혁명의 사례 등을 들며 사치하지 말고 백성들을 두려워하라는 내용의 편지를 연거푸 보냈지만 소용없었다.

1780년, 마리아 테레지아 여제가 서거하면서 아들 요제프 2세Joseph II의 통치가 시작되었다. 어머니보다 더 급진적인 계몽주의자였던 그는 과감한 근대화 정책을 실시했다. 농노제도를 공식적으로 철폐하고 종교의 평등을 선포해 가톨릭교회의 힘을 억눌렀으며 전국적으로 촘촘한 관료제를 실시해 제후와 영주의 권력을 황제에게 집중시켰다. 그러나 요제프 2세는 어머니와 같은 정치적인 능란함이 부족해 귀족 및 교회와 많은 갈등을 빚기도 했다. 어쨌든 이 시기 오스트리아는 봉건적인 신성로마제국의 명목에서 벗어나 근대적인 중앙집권국가의 모습을 갖춰 나가기 시작했다.

이 과정에서 반발도 만만치 않았다. 합스부르크 가문의 지배를 받는 비독일계 민족들이 문제였다. 오스트리아가 중세적인 봉건제국이던 시절에는 독일인인 합스부르크 가문의 군주가 형식적으로 여러 나라의 왕관을 쓰고 있을 뿐 각 민족은 나름의 전통을 지키며 토착 귀족 세력이 다스렸다. 하지만 오스트리아가 근대적인 중앙집권국가로 바뀌면서 여러 민족에 대한 독일인의 지배는 점점 노골화되고 강경해졌다.

독일과의 결별

오스트리아제국의 번영은 오래가지 못했다. 프로이센과 마찬가지로 나폴레옹에게 패했기 때문이다. 빈이 함락당하는 수모를 겪은 끝에 오스트리아는 신성로마제국이라는 이름을 영원히 포기해야 했다. 나폴레옹은 신성로마제국을 해체하고 명목상이나마 합스부르크 가문의 지배를 받는 것으로 되어 있던 독일의 여러 영방국가들을 묶어서 라인동맹이라는 국가연합을 만든 뒤 사실상 프랑스의 식민지로 삼았다.

1815년, 나폴레옹을 완전히 몰아낸 독일의 연방국가들은 통일을 목표로 독일연방을 결성하고 그 수도를 프랑크푸르트로 정했다. 오스트리아는 이 독일연방의 맹주가 되었으나 통일된 독일의 주도권을 놓고 프로이센과 다투다 패배해 독일연방에서 퇴출되고 말았다(독일 편 참조). 프로이센은 나머지 영방국가와 통일한 후 독일제국을 선포했고(1871) 이때부터 독일과 오스트리아는 완전히 다른 나라가 되었다.

포기할 수 없는 제국의 자존심

신성로마제국은 사라지고 독일제국에서도 퇴출된 오스트리아는 어떻게든 제국을 유지해야 하는 어려운 처지에 빠졌다. 다민족국가인 오스트리아에게는 세 가지 선택지가 주어졌다.

❶ 제국 내 여러 민족의 자치권을 폭넓게 인정하면서 일종의 연방 형로 제국을 유지한다.

❷ 독일인의 지배를 공고화하기 위해 기존보다 더 강하고 억압적인 통치를 한다.

❸ 제국을 여러 민족국가로 흩어 버리고, 오스트리아는 독일인의 나라가 된다.

가장 합리적인 방안은 ❶이겠지만 프란츠 요제프 1세 황제는 황제의 권한을 줄이고 싶지 않았다. 그렇게 오스트리아-헝가리 2중제국이라는 기묘한 방법을 생각해 냈다. ❶을 받아들이되 이것을 오직 헝가리에게만 허용하는 것이다.

정리하면 이렇다. 먼저 오스트리아, 보헤미아, 모라비아Moravia, 슐레지엔, 갈리치아Galicia를 영토로 하는 오스트리아왕국과 헝가리, 트란실바니아Transylvania, 슬로바키아, 슬로베니아, 크로아티아를 영토로 하는 헝가리왕국을 세운다. 그리고 합스부르크 왕가에서 이 두 왕국의 왕을 겸하되 헝가리의 경우는 의회에 많은 자치권을 보장한다. 그리고 오스트리아왕국과 헝가리왕국이 연합해 오스트리아-헝가리제국을 구성하고 오스트

오스트리아–헝가리제국

리아 및 헝가리 왕이 이 제국의 황제가 된다. 간단히 말하면 헝가리에 대해서만 ❶, 다른 민족에 대해서는 ❷를 적용했다.

다스리기 가장 껄끄러웠던 헝가리에만 많은 자치권이 주어지고 다른 민족들은 오스트리아와 헝가리가 함께 통제하는 기묘한 제국이 만들어졌다. 한눈에도 지속 가능한 나라 형태가 아니다. 또 더 이상 신성로마제국, 즉 독일의 황제가 아닌 헝가리를 내세운 제국이었기 때문에 세력을 독일 쪽이 아닌 발칸반도 쪽으로 확장해야 했고, 이는 범슬라브주의를 내세우던 러시아, 세르비아와의 충돌을 불러올 수밖에 없었다.

결국 보스니아-헤르체고비나 합병을 놓고 세르비아와 다툼이 일어났고, 이 다툼이 커져 제1차 세계대전이 되고 말았다(독일 편 참조).

제국의 해체와 제2차 세계대전

오스트리아-헝가리제국은 제1차 세계대전의 패전국이 되었다. 패전의 대가는 참혹했다. 독일 민족이 여러 민족을 지배하는 형태로 이루어진 이 오래된 제국은 제1차 세계대전의 뒤처리를 위해 모인 베르사유 강화회담 원칙이었던 민족자결주의의 직격탄을 맞았다. 민족자결주의 원칙에 따라 오스트리아-헝가리제국을 이루던 여러 민족들은 각각의 민족국가로 독립해 떨어져 나갔다.

체코는 이미 임시정부 자격으로 연합군 편에 있었기 때문에 승전국으로서 슬로바키아와 함께 체코슬로바키아공화국이 되어 독립했다. 알프스 남쪽의 영토는 이탈리아, 크로아티아 등에게 뜯겨 나갔다. 여기에 연합군은 오스트리아와 헝가리가 두 번 다시 합병하지 못하도록 못을 박았다. 헝가리는 제국에서 분리된 뒤 패전국 책임을 지고 루마니아, 크로아티아, 슬로베니아, 세르비아, 폴란드, 소련 등에 엄청난 영토를 내주며 위축되었다. 이 중 크로아티아, 슬로베니아, 세르비아는 유고슬라비아연방이 되었다.

이렇게 엄청난 영토를 상실하고, 오스트리아는 독일인들이 사는 오스트리아만 달랑 남아 오스트리아공화국이 되었다. 오스트리아인들은 한때 중부 유럽을 지배하며 러시아 다음으로 유럽에서 큰 나라였던 제국이 이처럼 작은 나라가 된 상황을 쉽게 받아들이지 못했다.

그렇다면 이 작아진 나라 오스트리아를 굳이 유지할 이유가 없었다. 독일이 통일될 당시 오스트리아가 포함된 대독일주의가 받아들여지지 않은 까닭은 오스트리아가 다민족국가였기 때문이다. 그런데 이제 자그마한 순수 독일 민족국가가 되었으니 독일제국에 가담하지 못할 이유가 없는 것이다.

그렇게 1918년 11월, 오스트리아공화국 의회는 만장일치로 오스트리아공화국이 독일제국에 가입할 것을 결정했다. 마침 독일은 1919년에 헌법을 개정해 바이마르공화국이 되었는데, 헌법에 "제국의 영토는 독일 각 주의 영토로써 성립된다. 만일 다른 지역의 인민으로서 그 자결권에 의해 병합을 원할 때에는 제국 법률에 의해 이를 제국에 편입할 수 있다"라는 조항을 넣어 오스트리아를 받을 근거를 마련했다.

그러나 제1차 세계대전의 승전국들이 손사래를 쳤다. 패전국 독일이 강해지는 것을 두려워한 이들은 생제르맹조약을 강요해 독일과 오스트

제1차 세계대전 후 오스트리아–헝가리제국의 해체

리아의 병합 자체를 영구히 금지하는 규정을 만들었다. 이로써 그동안 서로를 다른 나라보다는 다른 지역 정도로 생각했던 독일과 오스트리아가 영구히 다른 나라로 갈라졌다.

오스트리아는 자국의 지배에서 벗어난 여러 슬라브족 나라에 둘러싸인 처지가 되었다. 게다가 신생 독립국에도 적지 않은 독일계 주민들이 살고 있었는데 이들은 대제국 오스트리아 국민에서 졸지에 체코슬로바키아, 폴란드, 유고슬라비아 국민으로, 그것도 지배민족에서 소수민족으로 전락하고 말았다. 여기에 막대한 전쟁 배상금까지 물게 되자 '독일 민족이 왜 이런 대우를 받아야 하느냐?'라는 공격적인 민족주의 정서가 퍼지기 시작했다.

이때 독일에서 나치당이 세력을 확대하자 자연스레 오스트리아에서도 나치당이 만들어졌다. 애초에 히틀러도 따지고 보면 오스트리아 출신이다. 1932년, 오스트리아 나치당은 선거를 통해 주요 정당으로 발돋움했다. 1933년에는 히틀러가 독일 총리로 취임하자 오스트리아 나치당도 더 대담하고 폭력적으로 바뀌었다. 심지어 총리 관저를 습격해 돌푸스 엥겔베르트Engelbert Dollfuß 총리를 살해하는 쿠데타까지 일으켰다. 쿠데타는 진압되었지만 히틀러의 오스트리아 내정간섭은 점점 심해졌다.

오스트리아 나치당은 '위대한 독일 민족의 나라'를 외치면서 독일과 오스트리아를 한 나라로 합쳐야 한다고 선동했다. 마침내 1938년, 국민 투표에서 오스트리아의 독일 합병안이 통과되어 오스트리아는 독일의 일부가 되었다. 물론 생제르맹조약에 의해 금지된 일이지만 이미 전쟁을 준비하고 있던 히틀러에게 그까짓 조약은 아무런 의미가 없었다.

이는 빈에 거주하던 유대인들에게 엄청난 재앙이 되었다. 당시 빈에는 16만 명 이상의 유대인이 살고 있었다. 빈은 오랫동안 거대한 다민족 제국의 수도인 국제도시이자 유럽의 문화와 금융의 중심지였기 때문에 주로 금융, 학술, 예술에 종사하는 유대인들이 많이 들어와 살고 있었다. 이들은 독일 문화에 동화되어 스스로도 독일인이라고 생각하는 경우가 많았다. 그런데도 나치의 인종 학살은 그들을 피해 가지 않았다. 10만여 명은 탈출에 성공했지만 6만 5,000여 명은 결국 수용소로 끌려갔다. 이때 끌려간 유대인 중 살아 돌아온 사람은 6,000명이 되지 않았다.

오스트리아인들은 결코 독일의 하수인이 아니었다. 당시 오스트리아 인구의 10퍼센트가 나치당원이었다. 유대인 학살의 주범인 아돌프 아이히만Adolf Eichmann 역시 오스트리아인이었으며 이 만행을 주도한 나치 친위대 SS 소속 말살부대의 3분의 1이 오스트리아인이었다.

뻔뻔한 국제 외톨이

오스트리아는 또다시 패전국이 되었다. 게다가 독일과 자발적으로 합병했고 각종 전쟁범죄에 매우 주도적으로 나섰기 때문에 전범국의 명에까지 뒤집어썼다. 연합국은 오스트리아를 독일에서 분리한 뒤 독일과 마찬가지로 미국, 영국, 프랑스, 소련 4개국 군대가 주둔하는 군정을 실시했다. 빈 역시 베를린처럼 넷으로 분할되었다.

오스트리아 입장에서 그나마 다행인 것은 서독, 동독으로 완전히 분단국가가 된 독일과 달리 4개국 공동 통치가 계속되었다는 것이다. 대신

이러한 점령 상태가 1955년 5월 15일까지 유지되었다. 당시 오스트리아에 주둔하던 4개국 군대는 무려 25만 명이나 되었고 주둔군을 유지하는 비용은 오스트리아 정부의 부담이었다. 이 부담금은 오스트리아 정부 1년 예산의 3분의 1이나 되는 막대한 것이었다. 오스트리아 역사상 가장 굴욕적인 시기다.

이런 상태로 10년이나 지나 오스트리아는 다음과 같은 조건들을 받아들이고서야 독립할 수 있었다.

❶ 어떤 나라와도 동맹을 맺지 않는 영구중립국이 된다.
❷ 서독이든 동독이든 독일과의 합병은 영구히 불가능하다.
❸ 어느 나라 군대도 오스트리아에 주둔할 수 없다.

즉 당시 미국과 소련은 냉전이 전쟁으로 확대되는 것을 막기 위해 서유럽과 동유럽 사이에 일종의 비무장지대로 오스트리아를 설정한 것이다. 그리고 마침내 1955년 10월 25일, 오스트리아에 주둔하고 있던 점령군이 완전히 철수했다.

이제 오스트리아는 온전한 오스트리아공화국으로서 새 출발을 하게 되었다. 오스트리아인은 독일제국의 수도, 독일의 중심, 나아가 여러 민족을 다스렸던 유럽 중심부의 기억을 완전히 털어 내고 독일도 제국도 아닌 오스트리아공화국의 시민이 되어야 했다.

우선 오스트리아 정부는 독일과의 단절을 강력하게 추진했다. 1938년의 합병이 강제 합병이었다고 주장하며 국제사회에서 오스트리아를 나치 동조자가 아닌 나치의 침략을 받은 피해자로 기록하게 만들었다. 오스트리아는 이를 근거로 자신들은 아무런 잘못을 저지르지 않았다고 시치미를 떼 왔다. 물론 독일이 설치한 죽음의 수용소 중 오스트리아인들이 관리한 곳이 3분의 2라는 것, 그리고 이 오스트리아인들이 관리한 수용소에서 300만 명 이상의 유대인이 살해되었다는 것은 철저히 감추고 있다.

쿠르트 발트하임Kurt Waldheim 전 대통령의 사례는 이 같은 오스트리아의 뻔뻔한 태도를 잘 보여 준다. 발트하임은 제2차 세계대전 당시 독일군 장교로 복무하고 유대인 학살에도 관여했지만 전쟁이 끝나자 과거를 숨기고 외교관으로 변신했다. 나라가 합병되었기 때문에 어쩔 수 없이 독일군 활동에 참여는 했으나 주로 사무직을 맡았으며 유대인 학살에는 전혀 관여하지 않았다고 변명했다. 이 변명이 모두 먹혀 10년간이나 (1971~1981) 국제연합 사무총장을 역임하기까지 했다.

그리고 오스트리아로 돌아와 대통령 선거에 출마했다. 이때 그가 나치 장교로 복무했으며 유대인 학살에 적극적으로 관여했다는 의혹이 일어났지만 그럼에도 대통령에 당선되었다. 그의 임기 내내(1986~1992) 세계 여러 나라는 그를 국가원수로 인정하지 않았고 국빈 초청도 하지 않았다. 심지어 미국은 그의 입국을 사실상 금지했다. 오스트리아는 이 기간 동안 국제 외톨이가 되었다.

하지만 발트하임 덕분에 오스트리아에서 비로소 나치 청산에 대한 비판의 목소리가 나오기 시작했다. 부끄러운 과거를 모르는 척하거나 독일에게 다 뒤집어씌운다고 사라지는 것이 아님을 깨달은 것이다. 특히 나치 시절을 긍정하고 외국인을 노골적으로 혐오하던 극우 정당인 오스트리아 자유당이 26퍼센트나 되는 득표를 하며 약진한 2017년, 많은 오스트리아인이 충격에 빠졌다. 나치에 협력했던 과거를 깨끗하게 인정하고 사죄해야 한다는 목소리가 점점 더 높아지고 있다.

오스트리아의
미래

● 새로운 정체성, 새로운 나라

오스트리아의 미래는 결국 어떤 정체성을 만들어 가느냐에 달려 있다. 오스트리아는 더 이상 유럽의 중심에서 여러 민족을 지배하는 대제국도 아니고, 그렇다고 독일도 아니다. 독일과의 통일은 아예 금지되어 있다. 그럼에도 이 나라의 역사와 전통을 감안하면 작은 강소국에만 머무르기에도 아쉬움이 있다.

그래서 오스트리아는 유럽연합 결성에 매우 적극적이었다. 자그마한 오스트리아공화국이 아니라 거대한 유럽인으로서 자신을 규정하고 싶었던 것이다. 게다가 오스트리아는 지정학적인 조건상 유럽의 허브 국가가 될 수 있기 때문에 유럽의 통합이 공고해질수록 여러모로 더 유리하다.

하지만 오스트리아는 오랜 세월 폴란드, 체코, 헝가리, 슬로바키아, 루마니아, 크로아티아, 세르비아 등을 지배했으며 그 지배가 결코 우호적이지 않았다. 또 제2차 세계대전 때는 독일의 한 축이 되어 나치 만행에 적극 가담하기도 했다. 따라서 유럽의 허브 국가로서 번영하고자 한다면 과거 제국주의 시절과 나치 시절의 잘못을 분명히 인정하고 다시 그런 일이 일어나지 않을 것임을 유럽에 확인시켜 주어야 한다.

오스트리아는 발트하임 대통령 시절 국제 외톨이 경험을 통해 유럽 여러 나라의 앙금이 적지 않음을 확인했다. 전후 50년 이상 나치의 공범 혐의를 부인하던 오스트리아가 최근 들어 적극적으로 자신들의 잘못을 인정하고 이를 드러내 후세에 교육하는 행보를 보이는 까닭은 이 같은 과정 없이 유럽이라는 새로운 정체성을 획득할 수 없음을 인정했기 때문이다. 유럽의 허브 국가로서 오스트리아가 계속 번영할 수 있을지 주목할 필요가 있다.

오스트리아에서
조심해야 할 것들

● **독일인이면서 독일인이 아닌**

오스트리아인이 아무리 개방적이고 친절하다 해도 어디까지나 독일인 치고 그런 것일 뿐이다. 독일에서 주의해야 할 것들은 오스트리아에서도 그대로 통용된다. 특히 직함에 대한 존경은 독일을 능가한다. 박사, 교수는 물론 어떤 자격증을 받은 것이 있으면 그걸 다 불러 주는 것이 예의일 정도다. 예를 들면 '정치학 박사, 철학 박사 베르너 교수님' 같은 식으로 길게 부른다.

그런데 다른 한편으로 독일에 대한 오스트리아인의 마음은 이중적이기 때문에 독일을 소재로 이야기할 때는 조심해야 한다. 독일이라는 나라를 너무 칭찬해도 안 되고 또 너무 비난해서도 안 된다. 독일을 칭찬하면 독일 민족의 정통이라는 자부심에 상처를 받고, 독일을 비난하면 같은 민족으로서 모욕감을 느낄 수 있다. 마치 독일을 비난할 수 있는 자격은 독일 문화의 수호자인 오스트리아만의 권리라는 듯이.

● **은근한 중화사상**

독일 민족주의 자체가 독일인의 우월성을 기반으로 했는데, 오스트리아인들은 그 독일 중에서도 자기네가 제일이라는 생각을 가지고 있다. 심지어 오늘날 독일에 대해서도 비록 국력은 그들이 강하지만 문화적으로는 자기들이 우월하다고 은근히 깔보는 편이니 다른 민족, 다른 나라에 대해서는 더 말할 나위가 없다. 우리 식으로 말하면 '오랑캐' 취급을 한다. 정작 독일은 철저한 나치 청산으로 민족주의가 금기시되다시피 했지만 오스트리아는 그렇지 않다.

물론 허브 국가 국민답게 국제 감각이 뛰어난 사람들이라 그런 마음을 겉으로 드러내지는 않는다. 하지만 빈을 벗어나 시골로 가면 순진하게 그 마음을 감추지 않고 은근히 외국인을 깔보는 사람들을 만날 수도 있다.

● 당신은 친구가 아니야

오스트리아인에게 '친구'란 굉장히 각별한 의미를 가지고 있다. 어른이 된 이후에 만난 사람들은 어지간해서는 친구가 되지 못한다. 그들은 잘 해봐야 지인이다. 친구는 대체로 학창 시절에 형성되며, 일단 친구가 되면 거의 평생 유지된다. 이 '친구 네트워크'에 외부인이 들어가기란 쉽지 않다.

따라서 친구라 불리기를 기대하지 말고 친구라고 함부로 부르지도 말아야 한다. 반대로 오스트리아인이 '친구'라고 부르기 시작했다면 그 의미는 굉장히 크기 때문에 관계를 아주 소중히 생각해야 한다.

● 밤늦게 계속되는 간식 시간

오스트리아인은 웬만해서는 집에 잘 초대하지 않는다. 하지만 만약 초대를 받았다면 오랜 시간 그 집에 머물 각오를 해야 한다. 특히 독일과 달리 밤늦게까지 술자리를 갖는 경우도 많다. "커피 한잔합시다", "간식이나 할까요?" 하며 초대하지만 오스트리아에서 간식 시간은 절대 커피 한 잔 마시는 정도가 아니다. 거의 식사나 다름없을 정도로 각종 빵과 케이크를 곁들여 먹으며 한두 시간으로 끝나지도 않는다.

독일 문화권에서는 저녁이 정찬이 아니라 점심이 정찬이라 이들에게 간식은 정찬을 마친 이후 정식으로 조리하지 않은 차가운 고기 요리, 소시지, 과자, 빵, 케이크 등을 아우르는 것이다. 저녁 식사조차 일종의 간식의 연장으로 취급한다. 그래서 이들의 간식 시간은 점심 때 잘 챙겨 먹은 배가 꺼지기 시작하는 늦은 오후부터 밤늦게까지 계속되는 경우가 많다. 밤 10시에 일어서기 위해서도 양해를 구해야 할 정도다. 그러니 오스트리아인이 간식이나 같이하자고 청하면 마음을 단단히 먹자.

횃불처럼 뜨겁게
벨벳처럼 부드럽게

체코

체코에 대한
오해

체코가 아니라 체스코

'체코'라는 나라 이름은 체코 어디에서도 찾아볼 수 없다. 정식 나라 이름은 체스카 레푸블리카Česká republika이며 줄여서 말할 때는 체스코 Česko다. 영어로도 체크 리퍼블릭Czech Republic, 줄여서 체크Czech이기 때문에 어떤 식으로 발음해도 '체코'는 나오지 않는다.

그렇다면 체코는 대체 어디서 나온 말일까? 1918년부터 1993년까지 존재했던 체코슬로바키아Czechoslovakia에서 나온 이름이다. 아직도 1992년 이전에 학교를 다닌 사람들에게는 체코슬로바키아라는 이름이 익숙하다. 그 시절에도 체코라고 부르긴 했지만 나라 이름이 길어서 줄여 부른 것일 뿐이었다.

하지만 지금은 서로 다른 나라가 되어 체코는 체코공화국이며 슬로바키아는 슬로바키아공화국이다. 사실 체코인과 슬로바키아인의 문화적인 차이는 그렇게 크지 않고, 언어도 많이 다르지 않아 조금 심한 사투리 정도의 차이지만 어쨌든 스스로 다른 민족으로 인식하고 있다.

오스트리아제국의 지배에서 독립할 때 Czech와 Slovakia가 각각의 나라를 세우지 못하고 애매한 동거를 하며 하나의 나라가 된 것이다. 그런데 체크슬로바키아가 발음이 거칠어서 편의상 O를 추가해 체코슬로바키아가 되었다.

1993년, 이들이 각각 Czech Republic과 Slovakia Repblic을 세우게 되었는데, 이때 '체크 오(그리고) 슬로바키아'가 분리된 것을 '체코(체크 오)'와 '슬로바키아'가 분리된 것으로 오해하고 체코공화국이라고 부르는 것이 굳어지고 말았다. 말하자면 '체크 그리고'라고 부르고 있는 꼴이니 난감한 상황이다. 하지만 이미 수많은 공식 문서에서 '체코'라고 표기하고 있으니 '독일'처럼 다른 나라에는 없는 이름이라는 점을 의식하면서 '체코'라는 이름을 쓰기로 하자. 물론 체코인들은 이렇게 불리는 걸 좋아하지 않는다.

사실 '체크'라는 영어 이름도 썩 좋아하는 편은 아니라 이들의 고유 이름인 '체스코'라고 부르는 것이 가장 좋다. 오랫동안 이들의 나라 이름이었던 보헤미아Bohemia라 불러도 싫어하지 않는다. 굳이 따지면 체스코는 민족 이름이고 보헤미아는 이들이 가장 많이 거주하는 지역인 체히Czechy의 영어, 독일어 방식의 이름이다.

한편 2016년에 체코 정부는 '체코공화국'이라는 정식 국호를 간략하게 부르는 용어로 '체키아Czechia'라는 새 국호를 지어 국제연합에 정식으로 통보했다. 우리나라가 '대한민국'이라는 이름 외에 '한국'이라는 약칭을 쓰는 것을 생각하면 된다. 하지만 체코 국민 중 누구도 이 국호로 자기 나라를 지칭하지 않는다. 결국 이 이름은 '대통령만 쓰는 나라 이름'이라는 비웃음을 받고 있지만 어쨌든 공식적인 이름이니 알아두자.

자유롭고 방탕한 보헤미안?

체코의 수도인 프라하 일대는 체히 지역에 속해서 보헤미아라는 이름으로 불렸다. 지금도 중앙보헤미아주, 남보헤미아주가 체코의 중심 지역이긴 하다. 하지만 경기도가 곧 대한민국은 아니듯 보헤미아가 곧 체코는 아니다. 플젠Pilsen, 모라바Morava 같은 지역 역시 역사와 전통이 있는 지역이다.

더구나 '보헤미안' 하면 떠오르는 이미지는 체코인과 영 딴판이다. 흔히 보헤미안이라 하면 사회 관습에 구애되지 않는 방랑자, 자유분방한 생활을 하는 예술가 등을 떠올린다. 오페라 〈라 보엠La Bohême〉, 영화 〈보헤미안 랩소디Bohemian Rhapsody〉가 흥행하면서 이러한 이미지가 더욱 강해졌다. 그래서 보헤미아의 중심 도시 프라하의 이미지도 자유와 낭만이 넘치는 도시가 되어 버렸다.

하지만 이는 실제 체코인과 전혀 관계없다. 체코인 중 상당수가 보헤미아 지방 사람이긴 하지만 흔히 말하는 그 '보헤미안'은 거의 없다. 체코인들은 굉장히 조용하고 단정하며 침착하다. 자유롭고 방탕한 보헤미안 이미지와는 전혀 맞지 않다. 심지어 펍에서조차 크게 떠들지 않고 일행끼리 도란도란 이야기를 나누는데, 조금이라도 시끄러워지면 웨이터가 와서 주의를 주기도 한다. 체코에 여행 온 독일인들이 시끄럽게 여겨질 정도니 더할 말이 없다. 체코인들은 조용한 것을 좋아할 뿐 아니라 교양 있는 말과 행동을 중요시하며 갈등 상황을 싫어하는 보수적인 사람들이다.

체코의 수도이자 보헤미아의 중심지인 프라하는 세계적인 관광도시이지만 관광도시에서 흔히 볼 법한 흥청거림은 찾아보기 어렵다. 심지어 진짜 보헤미안들은 잘 웃지도 않는다. 그래서 체코 여행을 다녀온 사람들이 종종 이들의 불친절에 대해 불평을 터뜨리고 인종차별이 아니냐며 분개하지만 그저 그들의 천성일 뿐이다. 오랫동안 오스트리아와 독일의 지배를 받은 탓인지 민족은 슬라브족이지만 성향은 게르만족에 가깝다.

그렇다면 저 보헤미안 이미지는 대체 어디서 온 것일까? 그건 바로 집시Gypsy다. 집시는 이집트인이란 뜻인데 정작 이집트와 아무 상관없다. 이들은 인도 북서부에서 기원한 유랑 민족으로, 유럽에 들어올 때 이집트에서 발행된 통행증을 들고 왔기 때문에 엉뚱하게도 이집트인이라는 의미의 집시라 불리게 되었다. 유랑 민족답게 온 유럽을 돌아다니며 떠들썩하게 말썽을 부렸는데 하필 이들이 유럽에 들어올 때 제일 많이 거쳐 간 곳이 보헤미아였기 때문에 프랑스, 영국 등 서유럽에서는 이들을 보헤미안이라고 불렀다. 진짜 보헤미안들로서는 기막힌 노릇이다.

지금도 많은 집시가 체코에 남아 있다. 이들에 대한 처우와 이들이 저지르는 말썽은 여전한 사회문제다.

체코의

이모저모

숲으로 덮인 내륙국

체코에는 바다가 없다. 수도 프라하를 기준으로 북위 50도, 동경 14도에 위치하고 있다. 국토의 대부분이 낮은 산악지역과 습지, 숲으로 이루어져 있으며 도시들은 북쪽으로 흐르는 블타바강Vltava, 엘베강Elbe, 모라바강Morava을 따라 형성된 분지에 자리 잡고 있다. 산업혁명이 비교적 빨리 시작된 지역이라 숲의 파괴가 광범위하게 이루어지긴 했지만 그래도 여전히 숲으로 덮인 나라다.

국토의 면적은 7만 8,866제곱킬로미터로 우리나라보다 조금 작은 편이고, 인구는 1,052만 명 정도로 서울특별시 인구 정도 밖에 되지 않는다. 따라서 우리나라보다 인구밀도가 훨씬 낮아 공간이 여유로운 나라다.

위도상으로는 백두산보다도 훨씬 북쪽이라 시베리아급으로 추워야 하지만 편서풍이 실어 나르는 따뜻하고 습한 공기의 영향을 받아 생각만큼 춥지는 않다. 그래도 독일, 오스트리아, 헝가리에 비하면 상당히 추운 편이다. 겨울은 우리나라와 비슷하게 춥고, 여름에는 기온이 25도 이상 올라가는 날이 많지 않아 서늘한 편이다. 또 강수량은 많지 않아도 연중 고르게 내리기 때문에 상대적으로 겨울이 우리보다 많이 습해 눈이 내리는 날도 많다.

공산 정권에서 민주 정권으로

체코는 수도 프라하와 우리나라로 치면 도에 해당되는 13개의 주Kraj 로 이루어져 있다. 수도라지만 프라하의 인구는 130만 명에 불과하고 인구가 100만 명이 넘는 주도 3개 밖에 되지 않는다. 제2의 도시인 브르노 Brno의 인구는 38만 명에 불과하다.

행정구역은 14개로 정해져 있지만 체코인들은 대게 일상에서 이렇게 세세히 지역을 구분하지 않는다. 우리나라에서 여러 도와 시를 묶어 호남지방, 영남지방 등으로 구분하듯이 역사와 문화에 따라 크게 세 지역으로 나누는데, 서쪽의 체히Čechy(영어명: 보헤미아Bohemia), 동쪽의 모라바 Morava(영어명: 모라비아Moravia), 그리고 동북쪽 끝의 슬레스코Slezsco(영어명: 실레지아Silesia)로 구분한다. 이 중 산업과 경제의 중심은 수도 프라하가 자리 잡고 있는 체히 지역이며 슬레스코 지역의 경우는 프로이센(독일)에게 넘어갔다가 세계대전 이후 일부 지역을 제외하면 대부분 폴란드 영토에 포함되어 있다.

체코는 1989년까지 공산당 1당 독재 치하에 있었으나 동유럽의 민주화 이후 옛 공산주의국가들 중 손꼽히는 민주주의국가로 변신했다. 체코의 정치 체제는 대통령제와 의원내각제 요소가 섞여 있다.

국가원수는 국민 직접선거로 선출하는 대통령이며 임기는 5년이고 재선이 가능해 10년까지 재임할 수 있다. 결선투표제를 채택하고 있기 때문에 1차 투표에서 과반수 득표자가 없으면 1, 2위 득표자를 대상으로 2차 투표를 실시해 대통령을 뽑는다.

체코의 대통령은 우리나라 대통령보다 권력이 약하다. 대통령이 하

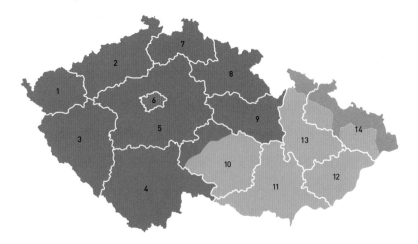

1 카를로비바리주
2 우스티주
3 플젠주
4 남보헤미아주
5 중앙보헤미아주
6 프라하
7 레베레츠주
8 흐라데츠크랄로베주
9 파르두비체주
10 비소치나주
11 남보라바주
12 즐린주
13 올로모우츠주
14 모라바슬레스코주

체코의 행정구역

원의 동의를 얻어 총리를 임명한 뒤에는 총리가 하원의 동의를 받아 장관들을 임명한다. 대통령은 외교 및 군사 등의 업무를, 총리는 경제 및 내정 등의 업무를 총괄하는 등 권한이 분산되어 있다.

체코의 국회는 200명으로 구성된 하원(대의원회)과 81명으로 구성된 상원(원로원)으로 이루어져 있다. 실질적으로 국민을 대표하는 기구는 하원이고 대부분의 입법권도 하원에 있다. 하원은 각 주별 인구 비례로 할당된 의석만큼을 선출하는데, 지역구가 없고 비례대표만 있다. 상원은 각 시역구별로 선거한다.

체코는 자유민주주의를 채택하고 있는 나라라 정당 설립의 자유가 보장되어 있어 상당히 많은 군소 정당이 있다. 2019년 현재 불만족스러운시민행동ANO 2011, 체코 사회민주당, 보헤미아모라바 공산당이 연립내각을 구성해 좌파 정부가 들어서 있는 상태다.

우파 정당으로는 체코 시민민주당(이 당이 체코 민주화의 모체가 되는 당이다), 기독교민주연합 등이 있다. 그런데 최근 자유와직접민주주의당(이름은 근사하지만 극우 정당)이 부상하면서 난민에 대한 혐오를 드러내는 등 극우 대중주의 확산의 문제가 심각하다. 현재 체코 대통령인 밀로시 제만Miloš Zeman 역시 친러시아파로, 민주주의와는 다소 거리가 있는 인물이다.

실업률 걱정 없는 제조업 강국

체코는 옛 동유럽 공산주의국가 중에서는 경제가 가장 발달한 나라에 속하며 경제협력개발기구OECD 회원국이기도 하다. 체코의 1인당 국민소득은 2018년 기준으로 2만 2,973달러다. 그런데 물가가 저렴해 구매력평가지수로 환산시 3만 7,000달러로 훌쩍 뛰어오른다.

체코는 제조업 강국이다. 이는 과거 오스트리아제국의 지배를 받던 시절, 제국 통치자들이 체코 영토에 제국의 산업 시설을 집중적으로 세웠기 때문이다. 오스트리아제국 제조업의 70퍼센트가 오늘날 체코 북부에 몰려 있었다. 제국이 해체된 뒤 체코슬로바키아로 독립한 이후에도 발전을 거듭해 1930년대에는 세계 11위의 경제 대국일 정도였다.

그러다 제2차 세계대전 이후 소련의 영향력 아래 사회주의 경제정책이 강요되면서 산업이 많이 뒤떨어졌다. 그래도 기본 바탕이 있어서 1989년 이후 다른 옛 사회주의국가들이 시장경제에 적응하지 못하는 사이 비교적 빨리 산업 체제를 정비하고 자본주의국가로 변신하는 데 성공했다. 실업률이 높아 골치를 썩고 있는 유럽의 다른 나라들과 달리 거의 완전고용에 가까워 오히려 노동력 부족이 문제되고 있는 실정이다.

자동차, 부품, 소재, 금속, 기계 산업 등이 체코가 강점을 보이는 산업이며 항공기 엔진과 같은 고부가가치 산업에도 강점을 가지고 있다. 최근에는 정보통신, 인공지능 분야에도 정부가 적극적으로 투자해 미래산업 전망 역시 밝은 편이다. 경제성장률도 2018년에는 2.7퍼센트, 2019년에도 2.9퍼센트(추정)를 기록하는 등 안정적인 성장세를 보여 주고 있다.

체코는 2004년에 유럽연합 회원국이 되었고 2009년에는 유럽연합 의장국이기도 했지만 아직 유로화를 사용하지는 않는다. 체코의 화폐는 체코코루나CZK인데, 1체코코루나의 환율은 50원 정도이지만 환율 변동이 심한 편이다.

서유럽과 동유럽을 잇는 문화

● **애증의 관계, 독일**

체코는 1,000년 이상 독일의 한 부분으로 취급되었다. 11세기부터 신성로마제국의 일부였으며 나폴레옹이 신성로마제국을 해체한 이후에는 오스트리아제국의 일부였다. 그동안 독자적인 언어와 문화를 지켜 왔어도 독일 문화에 강한 영향을 받았음은 분명하다.

슬라브족이라고는 하지만 키릴문자Cyrill를 쓰는 정통 슬라브족과는 유사점을 거의 찾아볼 수 없으며 실제로는 독일 문화에 훨씬 가깝다. 종교도 동방정교회가 아닌 로마가톨릭이고 문자도 러시아식 문자가 아닌 독일식 알파벳을 사용한다. 빈을 배경으로 하는 영화 〈아마데우스 Amadeus〉를 프라하에서 촬영했지만 전혀 어색하지 않을 정도다.

이렇게 독일 문화와 밀접한 관계를 맺고 있으나 체코 민족과 독일 민족의 사이는 결코 우호적이지 않았다. 15세기부터 16세기 내내 신성로마제국 황제의 간섭에서 벗어나기 위해 격렬하게 싸웠고 1918년에야 간신히 독립할 수 있었지만 1938년에 나치 독일과 다시 합병되는 아픔을 겪었다. 그럼에도 체코가 세르비아, 보스니아-헤르체고비나, 우크라이나, 러시아 등 다른 슬라브족 나라들보다 경제적, 문화적으로 앞설 수 있었던 까닭이 러시아제국이 아닌 오스트리아제국에 속해 있었기 때문이라는 점도 무시할 수 없다. 체코인들도 이를 알고 있다.

사람들의 기질이나 생활 방식도 러시아, 세르비아, 불가리아 등 슬라브족보다는 독일인에 더 가깝다. 그래서 세계적인 관광도시라는 프라하에서도 관광객들은 그리 살뜰한 접대를 받지 못한다. 그 기질과 생활 방식이 어떤 것인지는 독일, 오스트리아 편에서 충분히 다루었으니 다시 이야기할 필요는 없겠다.

● 문화의 도시 프라하

체코야말로 지리상 진정한 중부 유럽이라 할 수 있다. 게르만족, 마자르족, 슬라브족, 그리고 과거에는 튀르크족Türk까지 포함한 온갖 민족의 교통로 가운데에 체코가 있다. 이런 교통 요지다 보니 유대인과 집시도 체코를 통해 유럽으로 들어왔고 지금도 상당수가 체코에 살고 있다. 신성로마제국, 오스트리아제국에서 절대 놓아주려 하지 않았던 데도 다 이유가 있었던 셈이다.

오늘날에도 프라하에 가면 온 세계 관광객으로 북적인다. 프라하 자체의 관광자원도 풍부하지만 서유럽, 동유럽, 북유럽, 남유럽으로 방향을 전환할 중간 기착점이기 때문이다. 역사적으로도 프라하는 빈과 함께 유럽의 중요한 허브 도시였고, 수백 년간 신성로마제국과 오스트리아제국의 제2의 수도 역할을 했다.

그래서 체코는 일찍이 서유럽과 동유럽의 문화가 융합되어 국제적이고 다양하며 수준 높은 문화를 꽃피웠다. 프라하의 문화 수준은 빈과 비교했을 때 결코 떨어지지 않았다. 18세기 후반, 시대를 앞서간 모차르트의 오페라를 소화할 수 있었던 청중은 빈이 아니라 프라하의 청중이었다. 오늘날에도 체코의 클래식, 오페라, 발레 수준은 세계 최고다. 또 마리오네트marionette 같은 전통 공연예술의 수준도 매우 높다. 베드르지흐

스메타나Bedrich Smetana, 안토닌 드보르작Antonin Dvorak, 레오시 야나체크Leos Janacek 같은 최고의 작곡가들이 바로 체코 출신이다.

문학 수준도 높아서 소설가 프란츠 카프카Franz Kafka, 노벨상을 받은 시인 야로슬라프 사이페르트Jaroslav Seifert, 극작가 바츨라프 하벨Václav Havel, 소설가 밀란 쿤데라Milan Kundera 같은 세계적인 작가들을 배출했고 밀로스 포만Miloš Forman 같은 영화 거장도 배출했다.

기름지고 짭짤한 체코 음식

합스부르크 가문의 지배를 오랫동안 받았던 까닭에 체코의 음식 역시 독일, 오스트리아와 이래저래 겹치는 것이 많다. 하지만 비슷한 듯하면서도 조금씩 다르며 체코만의 고유한 서민 음식도 있다.

● **콜레뇨**Koleno

독일의 슈바인학세나 아이스바인과 비슷한 요리다. 다만 돼지 정강이를 맥주에 푹 고아서 요리한다는 점에서 맥주의 나라 체코다운 면모를 보여 준다.

● **스비치코바**Svíčková

쇠고기 안심을 부드럽게 삶은 뒤 여기에 크림을 얹고, 체코 전통 빵인 크네들리키Knedlíky와 함께 먹는 요리다. 독일, 오스트리아의 슈니첼과 비슷한 요리인데 크림을 사용해 단맛을 더 높였다.

● 베프로 크네들로 젤로Vepřo knedlo zelo

체코인이 가장 즐겨 먹는 요리다. 이름을 우리말로 옮기면 '돼지고기와 빵과 젤리 요리'라는 뜻이다. 돼지고기를 둥글납작하게 썰어 굽고 크네들리키와 함께 먹는다. 양배추 젤리Kysele Zeli를 반찬처럼 곁들인다.

● 스마제니 시르Smažený sýr

'튀긴 치즈'라는 이름의 요리다. 다른 요리들이 독일, 오스트리아와 어딘가 비슷하면서 제대로 갖춘 식당에서 먹어야 할 법한 것들이라면 이 스마제니 시르야말로 체코 고유의 음식이며 길거리에서도 흔히 볼 수 있는 체코의 국민 간식이라 할 수 있다. 식빵 크기의 치즈를 통째로 튀기면 겉은 바삭하고 속은 쫀득한데, 이 위에 크림 등을 발라 먹는다.

이 밖에 독일, 오스트리아, 헝가리 공통의 요리인 굴라쉬는 체코에서도 인기가 많다. 체코 음식은 대체로 기름기, 짠맛, 단맛이 많이 들어가는 편이라 담백한 것을 좋아하는 한국인의 입맛에는 많이 무겁게 느껴질 수 있다.

● 맥주

흔히 맥주의 원조라 하면 독일을 떠올린다. 하지만 체코인은 단호하게 고개를 젓는다. 체코가 신성로마제국의 지배를 받던 시절에 독일 전역으로 확산되었다는 게 이들의 주장이다.

실제로 체코는 1인당 맥주 소비량이 독일을 앞서는 맥주의 나라다.

위: 베프로 크네들로 젤로
아래: 스마제니 시르

맑은 황금색 맥주를 뜻하는 필스너pilsener는 체코의 플젠Pilsen 지방 맥주라는 뜻에서 왔고, 미국의 유명한 맥주 버드와이저는 체코의 부드바르Budvar 지방에서 이름을 따온 것이다. 또 달콤한 향이 일품인 체코식 흑맥주 코젤Kozel 역시 전 세계적으로 인기가 많은 맥주다.

체코의
역사

프라하에 세워진 최초의 국가, 대모라비아 왕국

그리스인이 남긴 기록에 따르면 2,500년 전부터 오늘날 프라하 지역에 철기 문명이 발달했고 그 세력도 상당히 강했다. 이 중 보이족Boii이 가장 번성했기 때문에 그리스인은 보이족의 땅이라는 의미로 이곳을 보헤미아Bohemia라 불렀다. 오늘날에도 체코와 보헤미아라는 이름은 혼용된다. 심지어 체코인도 종종 보헤미아라는 이름을 쓴다.

그런데 보이족은 오늘날의 체코인과 아무 관련이 없는 켈트족(스코틀랜드, 아일랜드인의 조상)의 한 부족이다. 슬라브족은 이로부터 수백 년 뒤 훈족의 침입과 게르만족의 대이동으로 유럽이 혼란에 빠졌을 때 이 지역에 들어왔다. 이때 이들을 이끈 슬라브족 족장이 체흐Czech다. 체코라는 이름이 여기서 나왔다.

이 지역에 세워진 최초의 국가는 대모라비아왕국Velká Morava이다(836).

대모라비아왕국은 오늘날의 체코, 슬로바키아, 헝가리에 걸쳐 있었는데 동프랑크(독일)와 헝가리 사이에서 압박을 받다 결국 보헤미아에 해당되는 영역은 동프랑크에, 슬로바키아에 해당되는 영역은 헝가리에 넘어가면서 역사 속으로 사라졌다.

그런데도 보헤미아는 계속해서 독립성을 유지했다. 봉건제 특성상 동프랑크 왕에게 공작 책봉을 받는 형식으로 독립성을 유지할 수 있었던 것이다. 이때의 보헤미아 공작 가문이 프르제미슬Přemyslovců 가문으로 이후 약 400년 가까이 체코를 통치한 정통 왕조가 되었다.

황제가 되고자 한 오타카르 2세

1197년, 보헤미아 공작 오타카르 1세Otakar I는 신성로마제국의 왕위 계승 분쟁을 중재한 공을 인정받아 보헤미아 왕으로 책봉되었고, 이때부터 보헤미아는 왕국이 되었다. 또 보헤미아 왕은 황제를 선출하는 선제후 중 하나가 되어 독일 제후 중 높은 위치를 차지하게 되었다. 이는 경우에 따라 프르제미슬 가문에서 신성로마제국의 황제가 나올 수 있다는 뜻이기도 했다.

오타카르 1세의 손자인 오타카르 2세 때 정말 이 같은 상황이 벌어질 뻔했다. 오타카르 2세는 헝가리를 격파하고 북방으로 원정해 오늘날의 폴란드와 리투아니아 지역까지 진출하며 영토를 넓혔다. 오스트리아도 손에 넣었으며 헝가리와의 전쟁에서도 승리해 많은 영토를 획득했다.

프리드리히 2세 황제가 죽자 오타카르 2세는 자신이 신성로마제국

보헤미아 왕국

모라비아 후작령

오스트리아 공작령

스타이어마르크 공작령

카린티아 공작령

크라인

프리울리 후작령

빈디시마르크

오타카르 2세 시대 보헤미아왕국의 영토

의 황제가 되고자 했다. 그러나 강력한 황제의 등장을 꺼린 선제후들이 시골 백작에 불과한 합스부르크 가문의 루돌프 2세를 황제로 세웠고 이를 인정할 수 없었던 오타카르 2세는 반기를 들었다. 그는 황제를 '변변찮은 백작'이라 불렀다.

그러나 보헤미아 왕이 지나치게 강해지는 것을 견제한 제후들이 황제의 권위를 내세워 결성한 연합군에 당해 내지는 못했다. 결국 오타카르 2세는 전사하고(1278), 보헤미아왕국의 영토는 지금의 체코 수준으로 다시 줄어들었다. 루돌프 2세 황제는 보헤미아로부터 오스트리아를 빼앗아 합스부르크 가문의 영토로 삼았다. 체코와 합스부르크 왕조 사이의 애증의 역사가 이렇게 시작되었다.

독일인 왕이 이룩한 체코의 전성시대?

오타카르 2세의 전사 후에도 보헤미아왕국은 신성로마제국의 유력한 제후 중 하나로 남았고 프르제미슬 왕조 역시 계속 유지되었다. 그런데 바츨라프 3세Václav III가 아들 없이 사망하면서(1311) 문제가 생겼다. 결국 바츨라프 3세의 사위인 얀 룩셈부르크Jan Lucemburský가 그 자리를 계승했다. 이로써 체코의 정통 왕조인 프르제미슬 왕조는 단절되고 독일계 룩셈부르크Luxemburg 가문으로 왕조가 넘어가게 되었다.

체코에서는 이 왕조를 루쳄부르스키Lucemburský 왕조라고 부르지만 독일어를 체코어로 읽는다고 독일계가 체코계로 바뀌는 것은 아니다. 체코의 토착 귀족들은 독일인을 왕으로 모시는 것에 거부감을 느꼈다. 얀 역시 이를 알았기에 체코 귀족들에게 보헤미아왕국의 국정을 상당 부분 이양하는 협정을 맺어 왕위를 인정받았다.

얀의 아들이 바로 그 유명한 카를 4세다. 카를 4세는 체코 토착 세력의 지지를 얻기 위해 노력했다. 이름도 체코식으로 카렐이라 고쳐 부르고 자신을 일컬어 체코(보헤미아가 아니라) 왕이라 칭했다. 또 프라하 성에 궁전을 짓고 들어와 살며 체코인들이 성인으로 모시는 성 바츨라프Svatý Václav의 왕관을 만들어 쓰는 등 자신을 체코인으로 규정하려고 애썼다. 이렇게 체코인의 지지를 받은 카렐 4세는 왕국의 영토를 북부 바이에른, 작센 등 독일 영토까지 확장시키면서 보헤미아를 제국 내 최대 세력으로 만들었다. 이런 카렐 4세가 자신을 황제 후보로 내세우고 한 표를 행사하자 다른 선제후들은 굴복할 수밖에 없었다.

카렐 4세가 신성로마제국 황제로 등극함으로써 프라하는 제국의 수도가 되었다. 심지어 은광까지 잇따라 발견되었다. 보헤미아왕국은 그야말로 눈부시게 번영했고 프라하는 명실상부 제국의 수도다운 모습을 갖춰 나갔다. 오늘날의 프라하를 세계적인 관광도시로 만든 찬란한 중세 유적과 건물도 대부분 이 무렵에 지어졌거나 증축되었다.

부와 명예를 찾아 제국의 이름난 귀족과 상인이 프라하로 몰려들었는데 이들은 주로 독일인이었다. 이때부터 민족문제가 발생했다. 왕국은 번창했으나 그 번영의 과실은 거의 독일인 몫이었다. 인구의 다수는 체코인이지만 상류층으로 갈수록 독일인이 많아졌다. 프라하대학의 강의도 대부분 독일어로 이루어지고 있었다. 보헤미아왕국이 눈부시게 번영한 14세기를 과연 체코의 전성기로 볼 것인지 고개가 쉽게 끄덕여지지 않는다.

어쨌든 체코에서는 카렐 4세를 자신들의 역사에서 가장 위대했던 성군으로 기록하고 있다. 우리나라로 치면 세종대왕 정도의 위상을 차지하고 있는데, 세종대왕이 명나라 왕자 출신인 셈이다.

종교 갈등에서 시작된 반독일 투쟁

카렐 4세가 세상을 떠나자 체코인과 독일인 사이의 갈등이 수면 위로 올라왔다. 그 씨를 뿌린 인물이 프라하대학의 신학교수이자 베들레헴 성당Betlémská kaple 신부였던 얀 후스Jan Hus다. 후스는 독일의 마틴 루터Martin Luther보다 훨씬 먼저 가톨릭교회에 도전했던 종교개혁가다. 그는 라틴어가 아닌 체코어로 저술하고 설교하고 찬송가를 부름으로써 토착 귀족과 민중의 지지를 받았다. 당연히 독일인 고위 성직자들과 충돌했다. 체코인은 후스교회를, 독일인 지배층은 가톨릭교회를 지지하면서 이 갈등은 종교가 아닌 민족 갈등으로 번져 나갔다.

결국 후스는 교황 요한 23세Johannes XXIII로부터 파문당했지만 후스교회는 점점 세를 확장했으며 체코 토착 세력의 지지를 받았다. 마침내 교황청은 후스를 이단자로 몰아 화형에 처하고(1415) 보헤미아를 이단 지역으로 선포했다(1415).

체코인들은 분노했다. 수백 명의 체코 귀족이 모여 교황청 결정에 거부를 선언한 뒤 후스가 하던 방식대로 체코어 성찬식과 예배를 진행했다. 당시 황제이자 국왕인 바츨라프 4세Václav IV는 교황청의 결정을 지지하고 후스주의자들을 체포해 재판에 넘겼다. 그러자 체코 귀족과 시민이 재판이 이루어지던 성 스테판 성당Kostel svatého Štěpána을 습격해 배심원, 시장, 판사관을 살해했다. 프라하는 통치 불능 상태에 빠졌다. 놀란 바츨라프 4세가 심장마비로 사망할 정도였다.

후스주의자들은 성찬식에서 신자와 성직자의 동등한 참여 보장, 자유로운 설교권, 교회 재산 몰수, 교회의 정치 참여 금지, 성직자에 대한 면책권 폐지 등을 내걸고 프라하를 사실상 자치구로 만들어 버렸다.

한편 바츨라프 4세의 동생이자 헝가리 왕 지기스문트가 황제 자리를 계승한 뒤 보헤미아 왕으로 등극하려 했지만 프라하를 장악한 후스주의자들이 황제의 입성을 거부했다. 그러자 황제는 '이단자들에게 제국의 수도가 점령되었다'라는 명분으로 십자군을 소집해 프라하를 공격했다. 십자군은 대부분 독일인이었기 때문에 이는 단지 가톨릭 황제와 후스파 귀족 간의 종교 전쟁이 아니라 독일과 체코 간의 민족 전쟁이었다.

이 싸움에서 얀 지슈카Jan Žižka가 이끄는 후스군이 황제의 십자군을 격퇴했다. 얀 지슈카는 수레를 이용한 방어 진형으로 돌격을 저지하고 화약 무기와 석궁을 사용해 체코 농민군이 독일 기사들을 격파하는 성과를 이루면서 중세의 끝과 근대의 시작을 알렸다. 황제에게 연전연승한 얀 지슈카는 지기스문트를 보헤미아 왕에서 해임한다고 발표하고 임시정부를 세우는 등 사실상 체코의 독립을 선포했다. 나아가 역공을 가해 작센, 브란덴부르크, 오스트리아 등을 선제공격하면서 세를 키우기까지 했다.

그러나 1424년, 얀 지슈카가 사망하고 오랜 전쟁으로 프라하가 피폐해지자 후스주의자들이 분열했다. 온건파는 라틴어 대신 체코어 예배와

위: 이단자로 몰려 화형당하는 얀 후스
아래: 십자군에 맞서 체코 농민군을 지휘한 얀 지슈카

찬송 등을 허용하는 정도로 타협하고자 했고, 강경파는 교회와 독일계 귀족의 재산을 완전히 박탈할 때까지 싸우자고 주장했다. 결국 온건파가 승리해 1436년, 보헤미아에 가톨릭교회와 후스교회를 선택할 수 있는 자유를 보장하는 조건으로 간신히 지기스문트 황제가 프라하에 들어와 대관식을 할 수 있게 되었다. 대관식은 치렀지만 룩셈부르크 왕가는 더 이상 보헤미아를 마음대로 다스릴 수 없게 되었다. 체코 귀족들과 도시 대표들이 정치를 주도했으며 프라하의 독일 인구가 급격하게 줄어들었고 프라하는 빠르게 체코화되어 갔다.

● 합스부르크 왕가의 지배와 30년전쟁

지기스문트 황제가 왕자를 남기지 않고 세상을 떠나면서(1437) 카렐 4세 때 맺어진 두 가문의 협약에 따라 보헤미아의 왕관이 오스트리아 합스부르크 가문에게 넘어갔다(독일, 오스트리아 편 참조). 이로써 제국의 수도도 다시 프라하에서 빈으로 옮겨 갔다. 대신 프라하 성에는 빈에서 파견한 총독부가 설치되었다.

오타카르 2세 시절에는 체코가 오스트리아를 지배했으나 그 오스트리아를 빼앗아 간 합스부르크 가문이 체코를 지배하게 된 것이다. 그나마 룩셈부르크 왕조는 따지고 보면 프르제미슬 왕조의 외손이기라도 했지만 합스부르크 가문은 완벽한 독일인들이었다.

합스부르크 가문은 처음 수십 년간은 오스만제국의 침공에 맞서느라 어지러웠기 때문에 체코를 자치 상태로 두었다. 그러나 오스만제국의 침공을 어느 정도 저지한 후부터 서서히 본색을 드러냈다.

우선 그동안 보헤미아에 허용되었던 후스교회를 폐쇄하고 강력한 가톨릭 단일화 정책을 펼쳤다. 또 후스전쟁 이후 체코 귀족에게 주어졌던 자치권을 부정하고 절대왕정을 구사하려 했다. 시민과 귀족이 항의하자 마티아스Mattias 황제는 집회까지 금지하며 강력한 탄압을 가했다.

그러자 체코 귀족들이 프라하 성을 습격해 총독부를 접수했고 이를 계기로 프라하 시민이 봉기해 독일인을 몰아냈다. 이들은 합스부르크 가문의 보헤미아 왕 자동 승계를 거부하고 체코 귀족이 체코 왕을 선출하며 왕의 권력을 제한한다는 내용의 새로운 체코 헌법을 제정한 뒤 프리드리히 5세Friedrich V를 국왕으로 옹립했다(1619). 체코의 독립선언이다.

페르디난트 2세Ferdinand II 황제는 이를 반란으로 선포하고 진압군을 편성했다. 체코인들은 치열하게 싸웠으나 결국 프라하가 함락되고 말았다. 이제 합스부르크 왕가는 보헤미아에 형식적으로나마 주었던 자치권을 박탈했다. 후스교회를 완전히 폐지해 다시 가톨릭화했으며 체코 귀족의 재산을 몰수했다. 그리고 그 재산은 몽땅 독일 귀족에게 돌아갔다. 이 과정에서 체코의 민족 지도자 수십 명이 처형당하면서 체코인의 기세도 꺾였다.

보헤미아는 진압되었지만 전쟁은 오히려 더 커졌다. 이를 신교에 대한 탄압으로 간주한 독일 북부의 선제후들(브란덴부르크, 팔츠, 작센)과 왕들(영국, 덴마크, 스웨덴)이 황제에게 반기를 든 것이다. 이에 가톨릭 계열 제후들과 왕들(바이에른, 스페인)이 황제 편이 되는, 17세기의 세계대전이라 할 수 있는 30년전쟁이 발발했다(1618). 그리고 체코는 하필 이 30년전쟁의 주요 전쟁터가 되어 초토화되고 말았다. 베스트팔렌조약으로 전쟁이 간신히 마무리되었을 때(1648), 체코의 인구는 20퍼센트나 줄어 있었다. 합스부르크 왕조의 지배에 저항할 힘도 사라졌다.

다시 살아난 민족운동의 불씨

30년전쟁 이후 체코는 전의를 상실한 채 오스트리아제국의 지배를 받아들였다. 그러던 중 마리아 테레지아 여제 시절, 체코에 변화가 일어났다. 마리아 테레지아는 오스트리아제국을 빠르게 근대산업국가로 변모시키고자 했는데 석탄이 풍부한 보헤미아를 그 거점으로 삼은 것이다.

덕분에 체코는 유리와 섬유 산업의 중심지로 다시 번창하기 시작했다. 상공업자들이 몰려들고 도시가 확장되었다. 풍부한 은광 덕분에 제국의 중심부로 이름을 떨쳤던 체코가 이번에는 탄광 덕분에 다시 전성기를 맞이했다. 무엇보다 중요한 것은 상공업이 융성하면서 형성된 시민계급(부르주아)이 오스트리아제국에 의해 추방된 체코 귀족의 지도적 역할을 담당할 수 있게 되었다는 것이다. 더구나 이들은 귀족이 아니었기에 단순히 독일인의 지배에서 벗어난 체코인의 나라만을 꿈꾸지 않았다. 그 체코인의 나라는 자유와 평등을 구현하는 나라가 되어야 했다.

마리아 테레지아와 그 아들 요제프 2세는 농노제 폐지, 신분의 차별 없는 보통교육 등 혁신적인 근대화 정책을 실시한 계몽군주였다. 덕분에 체코의 경제와 문화가 크게 발달했지만 동시에 체코인 정체성의 위기를 불러오기도 했다. 모든 일이 독일어로 이루어졌기 때문이다. 마리아 테레지아와 요제프 2세는 오스트리아제국을 영주들이 다스리는 봉건국가에서 전국적으로 짜인 관료제를 통해 중앙정부가 통치하는 중앙집권국가로 바꾸어 나갔다. 이는 다시 말해 제국 구석구석까지 독일어를 사용하는 공무원들이 파견되고 독일어로 된 문서로 업무가 진행된다는 뜻이다.

체코인은 각성했다. 이대로 가면 체코의 언어와 전통문화가 사라질 것이라는 걱정이 높아졌고, 지식인들은 체코의 정신을 지키고 보존하려는 민족운동을 일으켰다. 체코의 전통문화를 공부하는 독서 모임이 도시마다 만들어지고 체코어로 창작하는 작가가 늘어났다.

● 체코의 국부 프란티셰크 팔라츠키

프란티셰크 팔라츠키František Palacký는 흔히 체코의 국부라 불린다. 그런데 그의 삶을 살펴보면 다른 나라의 민족운동 지도자처럼 투쟁으로 일관되어 있지 않다. 사실 그는 무장투쟁은 물론 비무장시위도 일으킨 적이 없다. 오히려 오스트리아제국의 통치 기구를 민족운동의 도구로 적절히 이용했다. 이는 마리아 테레지아 이후 합스부르크 왕조가 러시아나 오스만제국 같은 전제군주가 아니라 계몽군주를 지향했기 때문이다. 합리적이고 관용적으로 통치하는 척이라도 해야 했던 합스부르크 왕조의 빈틈을 팔라츠키는 적절하게 이용했다.

합스부르크 왕조는 체코, 헝가리 등 피지배 민족을 달래기 위해 민족별 전통문화 연구에 지원을 아끼지 않았다. 팔라츠키도 이 지원을 받아 보헤미아 민족운동에 필요한 자료를 수집해 저술하고 잡지를 발간했다. 심지어 《보헤미아와 모라비아에서의 체코 민족의 역사The History of the Czech Nation in Bohemia and Moravia》라는 필생의 역작에 필요한 자료 수집 경비도 오스트리아 제국의 지원금으로 충당했다.

이 책은 단순한 민족주의가 아니라 자유주의적 민족주의를 표방했다. 여기서 체코 민족주의와 독일 민족주의의 차이가 드러난다. 독일 민족주의는 '프랑스 따위에게' 당해서는 안 되는 위대한 독일 민족의 울분과 프랑스에 대한 적대감에 기반하고 있었지만 팔라츠키의 체코 민족주의는 독일에 대한 적대감을 강조하지 않았다. 다만 모든 사람은 자유롭고 평등해야 하기 때문에 체코인이 독일인과 동등한 권리를 누려야 한다는 정도를 주장할 뿐이었다.

따라서 그는 당시 유행하던 러시아, 세르비아, 체코 등 슬라브족이 총단결해 게르만족에게 맞서야 한다는 범슬라브주의에 동의하지 않았다. 심지어 체코가 오스트리아제국에서 독립해야 한다는 주장에도 반대했다. 우리나라 같으면 국부는커녕 매국노나 변절자 취급을 받았을지도 모른다.

그는 체코가 독립국가가 되는 것보다 다민족국가인 오스트리아제국의 일원으로 남아 있되 독일계와 동등한 자격으로 제국 운영에 참여하는 연방국가를 제안했다. 이러한 독특한 그의 사상을 오스트로슬라브주의Austro-Slavism라고 불렀다. 즉 오스트리아 안에는 남겠지만 독일인에 동화되지 않고 자주성을 지키겠다는 것이다.

팔라츠키가 한사코 체코 민족을 오스트리아제국 안에 남기려 한 까닭은 자유주의의 가장 강력한 적인 러시아, 그리고 이미 위험수위를 넘었다고 본 독일 민족주의 때문이었다. 러시아는 모든 슬라브족이 러시아를 중심으로 하나의 민족국가를 이루어야 한다는 범슬라브주의를 주장

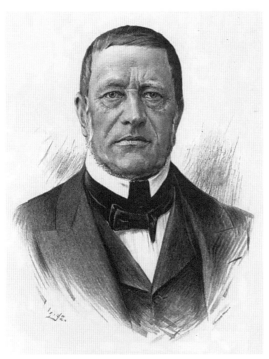

위: 체코의 국부 프란티셰크 팔라츠키
아래: 팔라츠키의 초상이 들어간 체코 지폐

하고 있었고, 프로이센을 중심으로 북독일 지역에 널리 퍼진 독일 민족주의도 다른 민족보다 위대한 독일이 세계사의 주역이 되어야 한다는 팽창주의를 표방하고 있었다.

이런 상황에서 체코같이 작고 약한 민족이 독립국가를 이루어 봐야 러시아나 프로이센의 먹이가 될 뿐이다. 그래서 팔라츠키는 오스트리아제국의 지배를 받는 여러 민족이 당장의 독립보다는 오스트리아제국을 입헌군주국으로 만들어 의회가 통치하도록 하고, 이 의회에 동등한 자격으로 참여하는 것으로 목표로 삼았다. 이렇게 되면 중부 유럽에 러시아와 프로이센이라는 전제국가의 확장을 견제할 강력한 자유주의 블록이 형성되는 것이다.

배신당한 오스트로슬라브주의

오스트리아제국의 황제 페르디난트 1세Ferdinand I는 팔라츠키의 제안을 일축했다. 유럽에서 가장 강력한 왕가의 황제가 순순히 권력을 포기할 까닭이 없었다. 또 여러 민족을 평등하게 의회에 참여시킬 경우 지배층인 독일계가 전체의 20퍼센트에 불과하기 때문에 이 의회는 슬라브족 차지가 되고 말 것이라는 우려도 있었다. 독일인들은, 심지어 입헌군주정에 찬성하는 자유주의자조차도 의회에서 소수파가 되고 싶지는 않았다.

그러나 1848년, 프랑스 2월혁명을 시작으로 온 유럽을 휩쓸고 지나간 혁명의 기운은 황제에게 민중의 무서움을 일깨워 주었다. 황제는 의회를 열어 권력을 나누어 주는 제스처라도 취해야 했다. 이에 따라 오스트리아제국 최초의 의회인 빈 제국회의가 결성되어 의원 383명이 모였다. 당시 헝가리는 완전한 독립을 요구하고 있었기 때문에 참가를 거부했다. 결국 독일계와 슬라브계만으로 구성된 의회에서 체코, 슬로바키아, 폴란드 등 슬라브계 의원이 과반을 훌쩍 넘겼다. 이들은 오스트리아제국을 다민족국가들의 연방제국으로 바꿀 것을 결의하고 헌법준비위원회를 구성했다.

이제 팔라츠키는 개인 의견이 아니라 제국의원의 자격으로 연방제국 건설을 제안했다.

❶ 전국을 민족에 따라 여러 권역으로 나눈다.
❷ 중앙정부의 권한은 축소하고 황제는 입헌군주가 되어 군림은 하되 하지 않는다.
❸ 각 권역마다 지방장관 또는 부왕을 두어 지방정부를 구성한다.
❹ 각 권역의 대표들로 중앙에 제국의회를 둔다.

제국을 해체하지 않으면서도 제국을 이루는 각 민족의 자주성을 획득하고 동시에 이 제국을 민주적인 나라로 바꾸어 낼 수 있는 절묘한 타협안이었다.

그러나 헝가리의 격렬한 반란과 빈에서 일어난 노동자들의 폭동으로 혼이 난 페르디난트 1세가 제위를 프란츠 요제프 1세에게 넘겨주면서 이야기가 원점으로 돌아갔다. 프란츠 요제프 1세는 가장 격렬하게 독립을 시도하는 헝가리만을 적당히 달래고 다른 슬라브 민족에 대해서는 여전히 지배권을 놓지 않을 방법을 고안해 냈다. 즉 독일인과 헝가리인이 손을 잡고 여타 슬라브 민족을 지배하는 오스트리아-헝가리 이중제국을 구상하고 있었다(오스트리아 편 참조).

황제는 체코 지도자들에게 이중제국 체제를 인정한다면 보헤미아에 자치권을 부여하겠다고 회유했으나 이번에는 독일인, 헝가리인이 반발해 무산되었다. 이제 합스부르크 왕조에 대한 불신이 높아질 대로 높아진 팔라츠키와 그의 아들 리게르Rieger 등 체코 민족 지도자들은 완전한 독립, 아니면 차라리 새로 수립된 독일제국에 가입하겠다고 협박했다.

결국 오스트리아제국은 절충안으로 체코인의 제국의회 참여도 허용하되 선거권에 일정 수준의 재산을 요구하는 방식을 제안했다. 제국 인구의 다수는 슬라브족이지만 그 재산 수준을 넘는 인구의 다수는 독일계였기 때문에 사실상 독일인이 민족 간 평등이라는 미명하에 슬라브족을 계속 지배하겠다는 기만에 가까웠다.

체코 민족 지도자들은 제국의회의 제안을 거부하고 은둔 생활을 하는 소극정치파와 어떻게든 의회에 참가해 조금이라도 체코인에게 유리한 정책을 끌어내자는 능동정치파로 갈라졌다. 결국 능동정치파는 신체코당이라는 정당을 만들어 제국의회에 참여했다. 당시 오스트리아 총리 에두아르트 타페Eduard Taaffe는 자유주의 내각이 수립되는 것을 막기 위해 신체코당에게 재산 기준 하향을 통한 선거권 확대, 체코어를 제국 공용어 중 하나로 인정, 프라하대학을 독일어와 체코어 학교로 분리, 체코인에게 제국 장관 중 일부 할애 등 꽤 많은 것을 내주었다.

하지만 체코에 가장 중요한 소득은 현실 정치 경험이었다. 소극 정치는 도덕적 고결성, 저항성, 선동성만 있으면 되었다. 하지만 의회에 참여해 민족에게 유익한 것을 얻어 내야 하는 능동 정치는 정책에 대한 전문성, 반대파를 설득하는 능력, 심지어 적대적인 세력과도 합의나 양보를 끌어낼 수 있는 협상 능력 등이 필요했다. 당시 체코 민족 지도자들은 제국 의원으로 활동하거나 제국 관료로 일하는 것을 반민족 행위로 보지 않았다. 오히려 제국 내에서 체코인 지위 향상에 도움을 주고 각 분야에서 단련된 체코인 전문가를 양성할 계기로 삼았다.

제1차 세계대전의 승전국, 체코슬로바키아

능동 정치 지도자로 가장 중요한 인물은 팔라츠키 이후 체코 민족의 지도자가 된 토마시 가리크 마사리크Tomáš Garrigue Masaryk다. 그는 현실주의당을 창당하고 의회에 진출했다(1900). 그러나 의회에서 제안하는 수많은 개혁안을 황실이 모두 거부하는 것을 보고 더 이상 합스부르크 왕가에게 기대할 것이 없음을 깨달았다.

이제 '제국 내에서의 자치'라는 팔라츠키의 꿈이 실현 불가능하다는 데 뜻을 모은 체코 정치인들은 이 운동을 '반합스부르크 운동'으로 전환시켰다. 체코의 독립이라는 목표가 또렷해지기 시작했다. 문제는 체코인에게 합스부르크 왕조를 타도할 힘이 있느냐는 것이다.

그러다 제1차 세계대전이 터졌다. 마사리크는 이를 기회로 삼았다. 그는 독일제국과 오스트리아-헝가리제국의 패배를 내다보고, 영국으로 건너가 연합국에게 체코 독립의 중요성을 설득했다. 그리고 이 전쟁을 단지

연합국과 동맹국의 전쟁이 아니라 자유주의와 봉건제국의 전쟁으로 규정하고, 오스트리아-헝가리제국 아래 여러 민족의 자유를 회복시켜 주는 것이 이 전쟁의 진정한 승리라고 주장했다. 바로 여기서 '민족자결주의' 원칙이 나왔다.

마사리크는 파리에서 체코의 망명 지식인 에드바르트 베네시Edvard Beneš, 슬로바키아 출신의 천문학자이자 조종사인 밀란 슈테파니크Milan Štefánik와 체코슬로바키아 민족회의를 결성해(1916) 우리나라의 대한민국 임시정부와 비슷한 역할을 했다. 체코와 슬로바키아가 따로따로 독립해서는 강대국 사이에서 살아남기 어렵다고 보고 연합한 것이다.

체코슬로바키아 민족회의는 적극적으로 움직였다. 체코 망명객, 오스트리아-헝가리제국군으로 징집되었던 체코와 슬로바키아 출신 탈영병을 중심으로 체코슬로바키아군단을 모집했는데, 그 수가 무려 8만 명이나 되었다. 이들은 체코슬로바키아군단의 이름으로 전선에 투입되어 독일군, 오스트리아-헝가리군과 전투했다. 영국, 프랑스는 체코슬로바키아를 정식으로 인정하고 체코슬로바키아 민족회의를 체코슬로바키아 임시정부로 승인했다. 이로써 체코슬로바키아는 오스트리아-헝가리제국의 일부가 아니라 연합국의 일원으로 제1차 세계대전에 참전하게 되었다.

마침내 연합국의 승리로 전쟁이 끝났을 때, 체코슬로바키아는 오스트리아제국으로부터의 독립은 물론 당당한 승전국의 자격으로 꽤 많은 영토를 획득할 수 있었다. 이렇게 체코슬로바키아공화국이 탄생했고(1919) 마사리크가 초대 대통령, 베네시가 외무장관, 슈테파니크가 국방장관이 되었다. 그런데 슈테파니크는 독립된 체코슬로바키아를 제대로

왼쪽 위: 체코의 민족 지도자 토마시 가리크 마사리크
왼쪽 아래: 체코의 망명 지식인 에드바르트 베네시
오른쪽: 슬로바키아 출신의 천문학자이자 조종사 밀란 슈테파니크

누려 보지도 못한 채 비행기 사고로 죽고 말았다. 건국 초기에 슬로바키아인의 유력한 지도자를 앗아간 이 사고는 이후 체코와 슬로바키아가 하나로 뭉치는 데 걸림돌이 되었다.

나치에서 공산주의로 이어진 억압

● 나치 독일의 침공과 제2차 세계대전

신생 공화국 체코슬로바키아는 여러 가지 복잡한 문제를 안고 있었다. 우선 체코 민족과 슬로바키아 민족의 미묘한 차이와 갈등이 계속되었다. 또 300만 명이나 되는 독일계 주민이 살고 있는 주데텐Sudeten 지역은 계속 독일 또는 오스트리아와의 합병을 요구하고 있었다.

이렇게 혼란스러운 가운데 독일에 나치 정권이 들어섰다. 독일과 오스트리아의 나치가 두 나라를 합치면서(1939) 체코슬로바키아는 그 가운데 낀 형국이 되었다.

히틀러는 독일인이 많이 사는 주데텐 지역은 독일 영토가 되어야 한다고 주장했다. 지역 주민투표 결과도 독일과의 합병을 지지하고 있었다. 체코슬로바키아 정부는 독일을 혼자 힘으로 막기 어려워 프랑스와 영국의 지원을 받고자 했지만 독일과의 전쟁을 두려워했던 이 두 나라는 독일의 주장을 받아들이고 말았다(뮌헨협정, 1938).

독일은 즉시 주데텐에 군대를 보내 이 지역을 접수했다. 그리고 체코인과 슬로바키아인 사이의 반목을 이용해 나라를 흔든 뒤 눈 깜짝할 사

독일, 오스트리아의 국경에 맞닿아 있는 주데텐 지역

이에 체코슬로바키아까지 합병하고 말았다. 이로써 안으로 갈라지고 밖으로 배신당한 체코슬로바키아는 독립 20년만에 다시 독일인의 지배를 받게 되었다. 제2차 세계대전에서 독일이 패망하면서야 체코슬로바키아에 다시 자유가 돌아왔다.

● 공산당 통치와 프라하의 봄

해방된 체코슬로바키아는 1946년에 총선을 실시하고 새로운 정부를 구성했다. 그런데 이 총선에서 공산당이 승리했다. 나치 독일에 대한 공포, 해방군으로 들어온 소련군의 인기 등이 작동한 것이다. 심지어 비공산주의 계열 정당도 독일에 대한 공포 때문에 친소련 정책을 용인했다.

그러나 당시 소련은 폴란드, 헝가리, 동독, 체코슬로바키아를 사실상 속국(위성국가)으로 만들어 영국, 서독, 프랑스 등 서방세계에 맞서는 공산주의 블록을 만들 생각을 가지고 있었다. 바로 '철의 장막'이다. 소련의 비밀 지령과 지원을 받은 체코슬로바키아 공산당은 경찰, 군대 등 권력 기구를 야금야금 장악하면서 지하 정치를 준비했다.

핵심 권력 기구를 장악한 공산당은 1948년 2월에 대규모 노동자·농민대회를 조장했다. 50만 명이 프라하 시내를 누비며 비공산주의 계열 장관과 장성의 해고를 요구했다. 경찰은 이 시위를 방치하거나 오히려 부추겼다. 이 집단 광기 속에 국방장관을 포함한 25명의 장군들이 해임되고 비공산주의 계열 장관들도 거의 떨어져 나갔다.

마사리크에 이어 대통령이 된 체코의 민족 영웅 베네시마저 허수아비가 되었다. 공산당 지도자 클레멘트 고트발트Klement Gottwald는 반동 세력의 패배를 선언한 뒤 대통령 자리에 올라 공산당 1당 독재정치를 감행했다. 반대파를 살해하거나 숙청하고 공산당 이외의 정당을 불법화했다. 공산당은 사회주의 계획경제를 위해 집단농장, 산업시설 국유화 등의 정책을 실시해 오랫동안 유럽의 상공업 중심지였던 프라하 시민의 반발을 샀다. 이 반발을 공산당은 감시, 음모, 숙청, 불법적인 체포, 처형 등 공포 통치로 잠재웠다. 이로써 체코슬로바키아는 '체코슬로바키아 사회주의공화국'이 되었다.

그러던 1963년, 사회주의 계획경제의 실패가 명백해지면서 지식인들을 중심으로 공산당에 대한 비판의 목소리가 나오기 시작했다. 1967년 프라하에서 열린 작가 동맹회의에서 밀란 쿤데라를 비롯한 작가들이 공산당의 정책을 신랄하게 비판했고, 이를 계기로 대학생들의 시위가 확산되었다.

소련은 이런 상황에 대한 책임을 물어 체코슬로바키아 공산당 제1서기를 안토닌 노보트니Antonín Novotný에서 알렉산데르 둡체크Alexander Dubček로 갈아 치웠다. 그런데 둡체크는 시민의 경제적 자유를 확대하고 언론과 출판에 대한 검열을 축소하는 등 공산당 1당 독재를 완화하는 정책을 펼쳤다. 이렇게 체코슬로바아의 공산 통치가 완화되고 자유의 바람이 불기 시작한 것을 '프라하의 봄'이라 부른다.

둡체크는 이른바 '인간의 얼굴을 한 사회주의'를 표방했다. 이 안에는 민주주의와 사회주의의 결합, 공산당의 1당 독재 포기, 시장경제의 도입, 1950년대에 숙청당한 사람들에 대한 사면복권 등의 개혁안이 포함되어 있었다. 1968년 6월 27일에는 명망 있는 지식인 70명이 〈2,000단어

체코슬로바키아 국기를 들고 시위하는 프라하 시민들과
불길에 휩싸인 소련군 탱크

Dva tisíce slov 선언〉으로 공산주의 체제의 문제점을 공개적으로 비판해 많은 시민의 지지를 받았다.

이를 공산주의 체제에 대한 위협으로 간주한 소련은 미국 중심의 북대서양 조약기구NATO에 대항해 소련, 폴란드, 동독, 헝가리, 불가리아 등 유럽 공산주의국가 동맹 체제인 바르샤바 조약기구WTO를 창설, 연합군을 무려 50만 명이나 편성해 체코슬로바키아를 침공했다.

결국 둡체크를 포함한 체코슬로바키아 공산당 핵심 인물들이 체포되어 모스크바로 끌려가고 다시 친소련 공산주의 정권이 수립되었다. 소련을 비롯한 바르샤바동맹국 군대가 체코슬로바키아에 주둔했다. 둡체크는 간신히 목숨은 건졌으나 삼림 관리인으로 일하는 수모를 감수해야 했다.

프라하의 봄은 비극으로 끝나고 말았다. 이 과정은 마치 우리나라가 1980년 박정희의 사망으로 민주주의의 희망에 부풀었다가 5·18의 비극과 전두환 독재 체제로 넘어간 과정을 연상시킨다. 그래서 우리 역시 이 시기를 흔히 '서울의 봄'이라 부른다.

소련군을 등에 업고 공산당 제1서기가 된 소련 앞잡이 구사트우 후사크Gustáv Husák는 즉시 대규모 숙청을 감행했다. 군인과 경찰, 공무원이 20퍼센트 이상 교체되는 엄청난 숙청이었다. 수많은 지식인이 신변의 위협을 피해 서유럽이나 미국으로 망명을 떠났다. 이후 20년간 체코슬로바키아 국민은 공산당의 촘촘한 감시망과 언제 가해질지 모르는 폭력을 두려워하며 숨 막히는 삶을 살아야 했다.

마침내 되찾은 자유

● **계속되는 저항**

프라하의 봄이 좌절된 뒤 체코슬로바키아에서는 억압적인 공산당 독재가 이루어졌다. 하지만 가혹한 탄압 속에서도 지식인들과 시민 활동가들은 저항을 멈추지 않았다.

극작가 바츨라프 하벨Václav Havel을 대표로 지식인 243명이 서명한 〈77 헌장Charta 77〉은 체코슬로바키아 경찰의 삼엄한 감시와 원문의 압수 등에도 기어코 지하 출판을 통해 서유럽에까지 널리 전파되었다. 이 선언문에는 인간의 평등과 자결권을 보장하지 않는 체코슬로바키아 공산당에 대한 비판, 문서상으로만 존재할 뿐인 학문, 예술, 언론, 출판의 자유에 대한 요구 등이 담겨 있었다. 공산당은 〈77 헌장〉을 주도한 이들을 체포해 국가전복죄로 징역 5년을 선고하고 여기 서명한 사람들을 붙잡아 고문하는 등 강하게 대응했다.

그런데도 이 선언에 동조하는 사람들의 수는 점점 늘어났다. 1980년에는 이미 1,900명 이상이 〈77 헌장〉을 중심으로 반정부 민주화운동 세력을 이루었다. 이들은 공식적으로 조직 이름을 짓지는 않았지만 흔히 '77그룹'이라 불렸고 후에 '시민포럼Občanské fórum'이라는 이름으로 체코슬로바키아 민주화운동의 핵심 세력이 되었다.

● **벨벳 혁명과 벨벳 이혼**

1989년, 동독에서 베를린장벽이 무너지고 헝가리 공산당이 1당 독재를 포기하는 등 유럽의 공산당 독재 체제가 하나하나 무너지기 시작했다. 동독과 함께 가장 폭압적인 공산 독재가 이루어지고 있던 체코슬로바키아에서도 시민의 저항이 시작되었다.

소련, 동독, 헝가리의 변화에도 체코슬로바키아 공산당은 권력을 내려놓기는커녕 개혁, 개방 정책을 추진할 생각도 없었다. 그러던 중 1989년 11월 17일, 나치 항전 50주년 행사에 모인 대학생 중 일부가 후사크를 비판하는 발언을 하다 경찰의 폭력으로 부상당하는 일이 일어났다. 이에 대한 시위와 파업이 전국적으로 확산되었고, 마침내 11월 20일에는 프라하에서 수십만 명 규모의 반정부 시위가 일어났다.

결국 완고한 공산주의자인 밀로시 야케스Miloš Jakeš가 공산당 제1서기 자리에서 물러났다. 하지만 시민들의 요구는 단지 한 사람의 퇴진이 아니었다. 11월 25일에는 시위대가 80만 명으로 늘어났다. 체코슬로바키아 인구가 우리나라 4분의 1 정도임을 감안하면 어마어마한 숫자다.

공산당은 이에 굴복하고 여러 정당의 참여가 허용되는 자유 총선거의 실시, 프라하의 봄 이후의 폭압적인 통치에 대한 사과 등을 발표했다. 그리고 1990년 6월 8일에 실시된 최초의 자유 총선거에서 시민포럼이 53퍼센트라는 압도적인 지지율로 공산당의 13퍼센트 지지율을 누르며 다수당이 되었다. 프라하의 봄을 주도했던 둡체크가 국회의장으로 선출되었고 곧이어 실시된 대통령 선거에서는 〈77 헌장〉을 주도했던 바츨라프 하벨이 당선되었다.

모든 게 큰 충돌 없이 부드럽게 진행되었다. 대규모 시위에 대한 유혈

위: 프라하의 봄을 주도했던 알렉산데르 둡체크
아래: 〈77 헌장〉을 주도했던 바츨라프 하벨 대통령

진압도 없었고 공산당이 선거 결과에 저항하지도 않았다. 더구나 정권 교체를 이룬 하벨과 둡체크는 자신들이 받은 탄압에 대해 보복하는 대신 공산당도 체코 시민도 모두 상처받고 병들었으니 함께 치유해 나가자는 화해의 메시지를 던졌다. 이러한 일련의 과정을 부드럽게 민주화가 진행되었다 하여 '벨벳 혁명'이라 부른다.

그런데 공산당 독재가 막을 내리자 체코와 슬로바키아의 민족문제가 다시 떠올랐다. 사실 체코와 슬로바키아는 같은 민족이나 다름없다. 다만 각각 오스트리아와 헝가리라는 다른 나라의 지배를 오래 받다 보니 경제적, 문화적 차이가 컸다.

공산당 독재가 무너지면서 이미 슬로바키아의 분리 독립 요구가 나오기 시작했지만 그럼에도 체코와의 통합이 유지될 수 있었던 이유는 둡체크 의장이 슬로바키아 출신이기 때문이었다. 하지만 돌연 둡체크가 교통사고로 사망(1992)하면서 두 나라의 분리는 기정사실이 되고 말았다.

이 과정 역시 민주화 과정처럼 부드럽게 진행되었다. 유고슬라비아나 소련처럼 격렬한 갈등을 거치지 않고 서로 합의하에 1993년 1월 1일자로 각각 체코공화국, 슬로바키아공화국으로 분리되었다. 이 과정을 벨벳 혁명에 빗대어 '벨벳 이혼'이라 하기도 한다. 한 나라가 이렇게 평화적으로 분리된 사례는 찾아보기 어렵다.

분리된 이후에도 두 나라는 사이가 좋다. 각종 국제 스포츠 대회에서 서로를 응원하며 상대의 승리를 자기 나라 일처럼 기뻐한다. 분가하고 나서 사이가 더 좋아진 형제라고 생각하면 된다.

● 친서방적인 경제 선진국

슬로바키아를 분가시킨 체코공화국은 시장경제 체제로의 전환을 서둘렀다. 중세 때부터 상공업이 발달한 나라였기 때문에 주로 농업국가였던 다른 구 공산권 국가들에 비해 시장경제로의 이행이 빠르고 순탄하게 진행되었다. 또 무력 투쟁보다 정치, 외교적인 방법으로 독립 투쟁을 해 왔던 경험 덕분에 자유민주 정치도 비교적 안정적으로 정착되었다.

초대 대통령인 바츨라프 하벨이 첫 단추를 잘 끼웠다. 혁명으로 세워진 정권의 수반이 독재자로 변질되곤 했던 사례와 달리 하벨은 두 차례 대통령을 역임한 뒤 2003년에 평화적으로 권력을 이양했다. 2011년 하벨이 사망하자 체코는 프라하 국제공항의 이름을 바츨라프 하벨 국제공항으로 명명하면서 그를 기렸다.

하벨 이후 바츨라프 클라우스Václav Klaus 대통령 역시 두 번의 임기를 마치고 내려왔으며, 2013년에 최초로 직선제 대통령에(그 이전에는 국회에서 선출함) 당선된 밀로시 제만Miloš Zeman 대통령이 2018년 재선에 성공해 두 번째 임기를 수행하는 중이다. 다만 밀로시 제만의 정책이 반서방, 친러시아, 반유럽연합, 반이민 등 극우적이라 두 번째 임기 이후 평화적인 권력 교체가 이루어질 수 있을지 걱정하는 목소리도 있다.

체코는 러시아 등 옛 공산권과는 선을 긋고 친서방적인 국가가 되었다. 1995년에는 경제협력개발기구에, 1999년에는 북대서양조약기구에, 2004년에는 유럽연합에 가입했다. 다만 유로화의 경우 국민의 지지율이 30퍼센트도 되지 않아 계속 도입이 늦어지고 있다.

체코는 현재 국제통화기금IMF, 세계은행WB의 분류에서도 형제 나라인 슬로바키아와 함께 선진국으로 분류되어 있다. 옛 공산권 국가 중 오늘날 선진국으로 분류되는 나라는 체코, 슬로바키아, 슬로베니아뿐이며, 폴란드와 헝가리가 거의 근접한 것으로 평가받고 있다. 반면 세르비아, 불가리아, 러시아, 우크라이나, 루마니아 등의 사정은 좋지 않다. 공교롭게도 구 공산권 국가 중 독일 문화권의 영향을 많이 받은 나라들이 선진화에 성공했다.

체코의
미래

● 유로화 도입의 필요성

2019년 현재, 체코의 미래는 어둡지 않다. 전통적인 제조업 강국이지만 정보통신기술 혁명에도 성공적으로 적응했으며, 제4차 산업혁명에도 뒤떨어지지 않고 있다. 또 풍부한 관광자원을 활용해 많은 관광객을 유치하는 등 서비스 혁명에도 앞서가는 모습이다.

물론 체코의 미래를 어둡게 하는 요소도 있다. 유로화 도입이 늦어지는 점이 그중 하나다. 체코는 수출이 경제에 차지하는 비중이 큰 나라이며 특히 유럽연합 역내 수출이 절대적이라 유로화를 사용하지 않는 것은 여러 가지 불편과 거래 비용을 발생시킨다. 또한 영국 파운드GBP처럼 규모가 크지 않기 때문에 체코 크루나의 환율은 매우 불안정해서 5~6퍼센트씩 환율이 오르내리는 일도 예사다. 주요 화폐가 아니라서 환전하기도 쉽지 않아 관광객에게도 큰 불편을 주기도 한다. 하지만 바츨라프 클라우스 대통령은 유로화 도입이 시기상조라는 이유로 거부했고, 밀로시 제만 대통령은 반서방, 반유럽연합 노선이라 유로화 도입 가능성은 거의 없다.

● **자유와 평화를 위협하는 정치 세력**

사실 체코의 미래를 가장 위협하는 것은 정치 문제다. 치열한 투쟁 끝에 공산주의 정권을 평화적으로 무너뜨리고 자유민주주의 정권을 수립한 나라에서 바로 그 자유민주주의를 이용해 반서방, 친러시아 정권이 탄생했다는 것은 상당히 역설적이다.

소련에게 그렇게 당했으면서도 반서방, 친러시아 선동이 먹힌 까닭은 바로 서아시아와 아프리카에서 몰려오는 난민 때문이다. 유럽연합은 특정 회원국에게 난민이 집중되는 것을 막기 위해 난민 할당제를 실시했는데, 체코, 폴란드, 헝가리는 이를 거부했다(2017). 체코는 할당된 2,000명 중 겨우 12명만 받아들이면서 거부 의사를 분명히 했다.

그러자 유럽연합은 이들 세 나라에 제재를 가했다. 이 제재는 1,000여 년 역사 내내 독일의 억압에 시달리고 싸워 왔던 체코인들에게 느낌이 남달랐다. 유럽연합에서 독일이 리더라는 것은 상식이고, 결국 독일이 자기네 난민을 떠넘기려다 안 되니 제재를 가한다고 받아들인 것이다. 이런 분위기를 틈타 반유럽연합, 친러시아, 반이민을 내세운 밀로시 제만이 권력을 잡고 말았다.

불행 중 다행으로 밀로시 제만의 시민권리당은 하원에서 의석을 하나도 얻지 못했다. 중도파 성향의 불만족스러운시민행동이 원내 다수당으로 있어 어느 정도 제어가 가능한 상황이지만 이 당의 당수인 안드레이 바비시Andrej Babiš 총리 역시 부패와 탈세 의혹으로 가득 찬 인물이라 눈살을 찌푸리게 한다.

결국 체코의 미래는 2022년에 실시될 체코 대통령 선거 결과에 달려 있다. 둡체크가, 하벨이 목숨 걸고 싸워 찾은 자유를 이런 부패한 권력자들이 멋대로 이용하는 것을 체코 시민들은 과연 막을 수 있을까?

체코에서
조심해야 할 것들

● **지하철 요금과 벌금**

프라하의 지하철 요금은 시간제로 계산한다. 즉 몇 정거장을 가든 또는 플랫폼에 마냥 앉아 있다 나오든 개찰하고 들어간 시점으로부터 요금을 낸 만큼의 시간 안에 나와야 하는 시스템이다. 1분이라도 더 기차나 플랫폼 안에 남아 있으면 벌금을 낸다. 어차피 시내가 그리 넓지 않으니 걸어 다니는 게 속 편하고, 만약 지하철을 이용하려면 승차 대기 시간, 환승 시간, 탑승 시간을 모두 고려해 시간을 넉넉하게 잡고 요금을 내야 한다. 30분, 90분 티켓과 1일권, 3일권이 있다. 비용은 3일권이라도 310크루나(약 1만 5,000원)밖에 안 한다.

● **따돌림도 인종차별도 아니다**

체코인들은 꼼꼼하다 못해 겁이 많아 보일 정도로 조심성이 많다. 일을 할 때도 그렇고 사람을 만날 때도 그렇다. 독일 문화권의 영향일 수도 있고 감시와 숙청이 난무했던 오랜 공산 통치 기간에 생긴 버릇일 수도 있다. 어쨌든 체코인들은 타인에 대해 신뢰보다는 의심을 앞세우는 경향이 있다.

그래서 이미 신뢰하고 있는 사람들 이외의 사람들과는 쉽사리 대화를 나누거나 관계를 맺으려 하지 않는다. 처음 보는 사람을 마치 따돌리기라도 하듯 자기들끼리만 이야기하는 경우도 많다. 하지만 이건 따돌림이 아니다. 그냥 조심스러워하고 수줍어하는 것이다. 심지어 음식점 같은 서비스업 직원조차 처음 보는 손님에게는 매우 조심스럽고 차갑게 대할 수 있다.

한국, 일본, 대만의 친절한 접객 문화에 익숙한 우리나라 관광객이 이걸 인종차별로 오해하기도 한다. 얼핏 보면 직원이 백인들하고만 이야기하고 우리한테는 무뚝뚝하게 구는 것처럼 보이는 것이다. 그들은 그저 낯설어서 그럴 뿐이다. 직원이 살뜰하게 대접하는 백인은 자주 봐 온 고객이며, 우리는 스쳐 지나가는 낯선 관광객일 뿐이다. 만약 그 관광객이 독일인이나 오스트리아인이었더라도 역시 쌀쌀하고 무뚝뚝한 접대를 받았을 것이다. 물론 이들 게르만족들은 쌀쌀하다고 느끼지 않았겠지만.

● **독일과 러시아**

체코와 독일의 관계는 우리나라와 일본의 관계와 비슷하다. 역사적으로 따지면 우리가 일본에게 당한 것과는 비교가 되지 않을 정도로 독일에게 많은 고초를 겪었다. 하지만 두 나라는 현재 사과를 마친 상태다. 독일은 제2차 세계대전 때 체코를 점령한 것에 대해 사과했고, 체코는 전쟁 후 100만 명 이상의 독일계 주민을 추방한 것을 사과했다. 그러나 앙금은 남아 있다. 체코에서 독일은 여전히 민감한 화제다. 외국인 입장에서는 아예 말하지 않는 편이 좋다.

러시아 역시 편치 않은 상대다. 소련 시절, 공산당 괴뢰정부를 앞세워 내정간섭을 하고 1968년에는 탱크를 몰고 들어와 프라하를 점령한 기억이 체코인들의 뇌리에 각인되어 있기 때문이다.

독일과 러시아 사이에 낀 체코는 마치 우리나라가 일본과 중국을 바라보는 시선과 비슷하게 이 두 나라를 바라본다. 우리나라에서도 일본과 중국에 대해 잘못 말하면 분위기가 싸늘해질 수 있는데 그게 체코에서는 독일과 러시아다.

아시아에서 건너온
유럽의 방패

헝가리

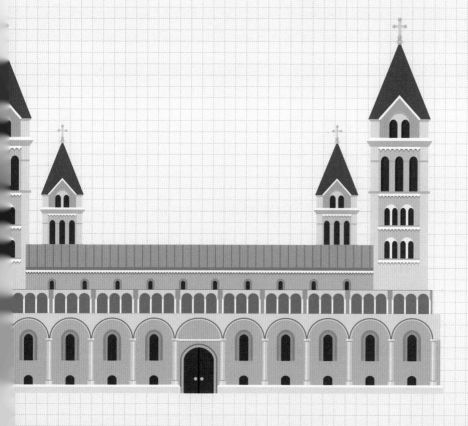

헝가리에 대한
오해

훈족이 아닌 마자르족

헝가리Hungary라는 나라 이름이 훈족Huns에게서 왔다고 알고 있는 사람이 많다. 하지만 헝가리인이 훈족의 후예일 가능성은 크지 않다. 훈족은 강력한 왕이었던 아틸라Attila가 죽은 뒤 얼마 못 가 멸망해 버렸기 때문이다.

헝가리를 세운 사람들은 9세기 후반에 유럽으로 흘러들어 온 마자르족Magyars이다. 마자르족 지도자 아르파드Árpád가 자신을 아틸라의 후손이라고 선전하기도 했지만 신빙성이 없다.

사실 헝가리인들 역시 자기 나라를 헝가리라 부르지 않는다. 헝가리의 정식 국호는 아주 정직하게 '마자르족의 나라'라는 뜻의 마자르로사그Magyarország다.

그런데도 헝가리인 중에는 훈족에게서 자기들이 기원해 헝가리라고 주장하는 사람이 적지 않다. 자기 나라 역사를 조금이라도 더 길게 만들고 싶어 하는 것은 인지상정인 모양이다.

유럽 한가운데 자리한 황인종의 나라?

마자르인은 핀족Finn, 튀르크족과 비슷한 계열이며 동아시아 인종에서 비롯되었다. 10세기 당시 유럽 침공을 주도했던 아르파드의 동상이나 유럽인들이 그를 그린 그림을 봐도 확실히 어딘가 우리에게 낯익은 모습이다.

그러나 1,000년 전 일이다. 오늘날에는 헝가리인을 다른 유럽인과 구별하기 쉽지 않다. 이미 1,000년간 슬라브족, 게르만족과 많이 섞였기 때문이다.

집시를 위한 헝가리 무곡?

'헝가리' 하면 떠오르는 음악 중에 〈헝가리 무곡Ungarische Tänze〉이라는 피아노 이중주곡이 있다. 듣기만 하면 바로 알아챌 수 있는 유명한 곡이다. 하지만 이 곡은 헝가리인이 아니라 독일인인 요하네스 브람스가 작곡했다. 게다가 실제 헝가리 무곡과는 거리가 멀다. 이 곡은 집시 음악에 가깝다.

심지어 헝가리 작곡가인 프란츠 리스트Franz Liszt가 작곡한 〈헝가리 광시곡Magyar rapszódiák〉도 헝가리 음악이 아니라 집시 음악이다. 대체로 헝가리풍이라고 알려진 것들 중 상당수가 그렇다.

아르파드의 석상과 그를 묘사한 그림

헝가리의
이모저모

산으로 둘러싸인 비옥한 평야

헝가리는 알프스에서 발원한 다뉴브강이 산이 많은 상류를 지나 만들어 낸 넓은 평야인 판노니아Pannonia에 위치해 있다. 한반도보다 더 넓은 이 평야는 순전히 평지로만 이루어져 있을 뿐 아니라 알프스산맥, 디나르알프스산맥, 카르파티아산맥, 발칸산맥으로 둘러싸인 거대한 분지이기도 하다. 누가 봐도 요충지 중 요충지가 아닐 수 없다. 당연히 이 드넓은 평야를 한 나라가 독점하긴 어렵다. 오스트리아, 헝가리, 보스니아 헤르체고비나, 체코, 슬로바키아, 세르비아, 크로아티아, 슬로베니아, 루마니아, 우크라이나 등 무려 8개국이 이 평야에 영토를 걸치고 있다. 1918년까지는 그 모두가 헝가리 영토였지만 제1차 세계대전 이후 영토의 60퍼센트 이상을 상실하고 만 결과다. 그래도 이곳의 가장 알짜배기 구역은 여전히 헝가리 영토다.

헝가리의 기후는 사계절을 모두 느낄 수 있는 온대기후다. 평균기온 분포는 우리나라와 거의 비슷하다고 보면 된다. 겨울이 조금 덜 춥고, 여름이 조금 덜 덥지만 때때로 한파나 폭염이 몰아치면 우리보다 더 춥고 더 더워질 때도 있다. 강수량은 연간 500밀리미터 내외로 우리나라의 절반에 미치지 못해도 대체로 연중 고루 내리는 편이다. 맑은 날보다 흐린 날이 많아 언제든 보슬비가 조금 내리다 그치는 날씨의 연속이다. 큰 차이는 없지만 4월부터 8월 사이에 비 오는 날이 더 많다.

판노니아는 우리나라나 동남아시아에 비하면 부족해 보이지만 척박한 유럽의 토양과 기후에서는 프랑스와 더불어 곡물 농사에 가장 유리한 지역이다. 따라서 헝가리는 오래 전부터 농업국가였으며 지금도 농업 비중이 높은 편에 속한다.

국민의 신뢰를 얻지 못한 정치인들

헝가리는 우리나라와 비슷한 면적에 인구는 5분의 1밖에 안 되지만 행정구역은 무려 19개의 주(메제megye)와 23개의 광역시(메제 바로시megyei város), 그리고 수도인 부다페스트Budapest로 나뉘어져 있다. 부다페스트는 원래 다뉴브강을 사이에 둔 부다Buda와 페스트Pest라는 별개의 도시였지만 1873년 오스트리아-헝가리 이중제국이 만들어질 때 두 도시를 합쳐 제국의 제2의 수도로 만들었다.

980만 명도 안 되는 인구 중 180만 명이 수도 부다페스트에 살고 있기 때문에 나머지 지역에는 이렇다 할 대도시가 없다. 제2의 도시이며 교육 도시로 알려진 데브레첸Debrecen의 인구도 20만 명에 불과하다. 헝가리 산업의 중심지인 미슈콜츠Miskolc, 남부의 대도시 세게드Seged 역시 인구 16만 명 정도에 불과해 중세적 풍경이 남아 있는 평화로운 소도시다.

헝가리의 정치 체제는 의원내각제다. 연방이 아니기 때문에 국회는 상원을 따로 두지 않는 단원제다. 4년 임기로 선출된 국회의원들이 총리를 선출하고, 총리가 내각을 구성하는 전형적인 방식이다. 국회의원은 모두 199명을 뽑으며 106명은 소선거구제로 뽑는 지역구 의원, 93명은 정당

주

1 죄르모숀쇼프론주
2 코마롬에스테르곰주
3 버시주
4 절러주
5 베스프렘주
6 쇼모지주
7 페예르주
8 톨너주
9 버러녀주
10 바치키슈쿤주
11 페슈트주
12 노그라드주
13 헤베시주
14 야스너지쿤솔노크주
15 촌그라드주
16 베키시주
17 허이두비허르주
18 야스너지쿤솔노크주
19 서볼치서트마르베레그주

광역시

★ 부다페스트
a 쇼프론시
b 죄르시
c 터터바녀시
d 솜버트헤이시
e 절러에게르세그시
f 너지커니저시
g 커포슈바르시
h 세케슈페헤르바르시
i 섹사르드시
j 페치시
k 두너우이바로시
l 케치케메트시
m 에르드시
n 셜고터랸시
o 에게르시
p 솔노크시
q 세게드시
r 호드메죄바샤르헤이시
s 베케슈처버시
t 데브레첸시
u 니레지하저시
v 미슈콜츠시

헝가리의 행정구역

투표로 뽑는 비례대표 의원이다. 국가원수는 5년 임기로 연임할 수 있는 대통령으로 되어 있지만 독일과 마찬가지로 실질적인 권한은 없는 상징적인 존재다.

1989년 10월, 헝가리는 공산당이 먼저 나서서 공산주의를 포기하고 자유민주주의 체제로 전환했으며 1990년 3월, 옛 사회주의권 국가 중 가장 먼저 총선거를 실시했다. 공산당은 당 이름을 사회당으로 바꾸어 지금도 유력한 정당으로 남아 있고 청년민주동맹과 기독교민주국민당 등의 우파 정당이 여기 대항하면서 좌우의 균형을 맞추고 있다.

여기까지 말하면 헝가리는 정치적으로 안정되어 있고 민주주의가 잘 작동되는 것처럼 보이지만 사실 문제가 많다. 국회의원은 수준이 떨어지며 부패와 연고주의가 아직도 남아 있다. 국회의원에 대한 국민의 신뢰도도 낮다.

이런 낮은 정치 수준과 국민의 정치 불신은 야심 많은 독재자들이 권력을 차지하는 토양이 된다. 2010년에 총리가 된 우파 정당 청년민주동맹의 오르반 빅토르Orbán Viktor가 그 토양을 발판 삼아 떠오른 인물이다. 오르반은 '헝가리의 푸틴', '유럽의 트럼프'라고 불러도 좋을 포퓰리스트로, 정권을 잡자마자 여러 중요한 직책에 자기 측근들을 임명하고 언론의 자유를 교묘하게 제한하는 등 민주주의를 훼손하는 정책을 펼쳤다. 게다가 오르반보다 더 지독한 인종 혐오에 기반을 둔 극우주의 정당인 우파연합이 약진하고 있다. 이 인종 혐오 정당이 2014년 총선에서 무려 20퍼센트나 득표했다.

경제 침체기를 벗어나 선진국으로

헝가리의 경제는 굴곡이 심한 과정을 거쳐 왔다. 오스트리아-헝가리제국의 지역 분업 체계에서 제조업을 담당한 체코와 달리 농업 생산지역할을 맡아 산업화가 늦었다. 오히려 헝가리에 산업화가 이루어진 것은 공산 정권 시절의 일이다. 그러나 다른 공산권 국가들과 마찬가지로 집단농장의 비효율로 인한 농업생산력 저하, 중공업 위주의 산업화로 인한 소비재 부족 등으로 국내총생산 수치와 실제 생활수준 간의 괴리가 심했다. 1970년대 이후 어느 정도 서방세계와 무역이 가능해시면서 부족한 소비재는 수입에 의존하게 되고 이 과정에서 외채가 급격히 늘어났다.

헝가리는 체코와 함께 옛 공산권 국가 중 사회주의를 포기하고 시장경제로 전환한 속도가 제일 빠른 나라에 속한다. 1990년 이래 해마다 4퍼센트 이상의 고성장을 달성하고 민간 부문이 국내총생산의 80퍼센트를 차지하는 등 사회주의의 흔적이 거의 사라졌고, 농업에서 전기, 기계, 화학 등의 제조업 강국으로 변모했다. 다만 자체 브랜드보다는 위탁 생산에 주로 의존하고 있다. 우리나라 기업인 삼성, LG 등도 헝가리에서 많은 제품을 생산하고 있다.

헝가리는 2004년 유럽연합 가입 이후 성장률이 뚝 떨어져 연 1퍼센트대 성장에 머무르면서 인플레이션까지 심해지는 이중고를 겪었다. 그러다 2008년에는 세계금융위기의 직격탄을 맞아 국제통화기금에 구제금융을 신청하는 신세가 되었다. 그나마 2015년 이후 다시 안정을 되찾고 있지만 2019년 들어 유럽 전체의 경제가 침체기로 접어들면서 다시 어려움을 겪고 있다.

이런저런 굴곡은 있지만 그래도 헝가리는 체코, 폴란드와 함께 옛 공산권 국가 중에서는 경제와 산업이 발달한 나라에 속한다. 1인당 국내총생산은 2018년 기준 1만 5,136달러로 국제통화기금이나 세계은행으로부터 선진국 진입 직전의 나라로 평가받고 있지만 인접한 체코나 오스트리아에 비하면 뒤처지는 편이다. 다만 불가리아, 루마니아, 우크라이나, 러시아보다는 많이 높다.

헝가리는 유럽연합 회원국이지만 유로화를 사용하지 않는다. 헝가리의 화폐는 포린트HUF라고 하며 1포린트는 대략 4.2원 내외의 가치를 가진다.

민족과 가족, 친구가 우선인 문화

● 미묘한 고립감

헝가리 문화의 특징을 '고립감'이라고 정리하는 경우가 많다. 헝가리는 1,000년간 어디에도 속하지 않는 경계의 삶을 살아왔다. 인종부터가 유럽 한가운데 있으나 유럽인종이 아니고 그렇다고 아시아인종도 아니다. 이름 쓰는 법 역시 다른 유럽 나라들과 비교했을 때 헝가리만 다르다. 우리나라나 일본과 같이 성을 앞에 쓰고 이름을 뒤에 쓴다. 그런데 대부분 서양 문헌에 알려진 유명한 헝가리인들은 서유럽식으로 이름이 알려져서 반대로 적혀 있다. 예를 들어 유명한 작곡가 프란츠 리스트는 독일식 이름으로, 헝가리에서는 '리스트 페렌츠Liszt Ferenc'라고 불러야 맞다.

이렇게 헝가리는 유럽 가운데 있으면서 게르만족도 슬라브족도 아닌 나라로 외로움을 많이 느낀다. 역사적으로도 헝가리인들은 유럽인들이 필요할 때만 자기들을 찾고 결정적인 순간에는 버리곤 했다고 생각한다. 겉으로 드러내지는 않지만 헝가리인은 게르만족, 슬라브족 등 유럽의 주류 민족에 대한 불신이 강하다.

● 강한 민족주의

헝가리인은 중부 유럽에서 거의 유일하게 강한 민족주의를 가진 사람들이다. 나치와 파시즘의 참변 이래 유럽인들은 국가의 상징을 신성시하고 국가를 떼창하는 등의 행위를 금기시한다. 하지만 헝가리는 그렇지 않다. 심지어 제2차 세계대전의 패전국이었는데도 국가 상징, 국가 제창 등에 열광한다. 독일, 오스트리아가 자국사를 강조하지 않고 유럽사 중심의 역사 교육을 하는 반면 헝가리는 헝가리 역사를 중심으로 역사 교육을 한다. 거대한 왕국을 이루어 그 무시무시한 몽골제국도 무찌르고 오스만제국과 수십 년간 맞서며 유럽의 방파제가 되어 주었던 과거를 영광스럽게 배우는 것이다.

그렇다고 헝가리가 국가나 민족에 무작정 열광하는 무지한 대중의 나라는 아니다. 헝가리는 문화 수준과 교육열이 매우 높은 나라다. 동유럽 나라들에게 헝가리는 강한 민족주의를 담고 있는 잠재적 위험국이지만 서유럽 나라들에게는 이색적이고 흥미로운 문화를 가진 교양 있고 재치 있는 사람들의 나라다.

하지만 서유럽이나 선진국이 아닌 나라 사람들에 대해서는 차별하기도 한다. 특히 자국 영토에 살고 있는 소수민족과 공존하는 데 어려움을 겪고 있다. 여러모로 헝가리는 다문화 사회에 아직 적응하지 못한 나라다.

● 정으로 움직이는 사회

헝가리인은 공적인 제도나 기구에 대한 불신이 강하다. 그러다 보니 믿을 건 가족이나 친구 밖에 없다는 생각이 강하며 개인 간의 우정과 믿음을 매우 중요하게 생각한다. 독일인은 일은 일, 관계는 관계라고 생각하지만 헝가리인에게는 관계가 우선이다. 넓은 인간관계를 이루고 있다는 것은 곧 많은 비즈니스 자원이 있다는 뜻이다. 특히 외국인 친구가 있다는 것은 이들에게 매우 중요한 자산이기 때문에 외국인과의 교류에 상당히 적극적으로 나서는 편이다. 우리는 2019년 허블레아니호 침몰 사고로 많은 한국 관광객이 희생당했을 때 헝가리 시민이 보여준 대대적인 위로와 추모를 통해 이를 확인한 바 있다.

그래서 역사적으로 독일 문화권에 오래 있었어도 정에 이끌리는 한국인에게 익숙하고 친근한 모습을 많이 보여 준다. 독일인처럼 직설적으로 말하지 않고 에둘러 하는 경향이 있고, 선물을 하면 질색하거나 의심하는 독일인과 달리 굉장히 좋아한다. 또 받은 선물과 호의, 도움은 꼭 기억해 두었다가 보답하는 인정 많은 사람들이다. 반대로 선물이나 초대, 도움 따위를 거절하면 굉장히 실망하기도 한다.

● 문화 강국 헝가리

헝가리는 수백 년 동안 오스트리아제국의 주요 세력이었으며 서유럽과 동유럽 그리고 비잔틴Byzantine, 오스만 문화의 교차점이었던 곳으로 문화와 예술 수준이 매우 높다.

노벨상 수상자만 해도 13명이나 배출했다. 물리학자 레나르드 필뢰프Lénárd Fülöp와 유진 위그너Wigner Jenő, 소설가 임레 케르테스Imre Kertész가 대표적이다. 헝가리의 과학, 문학 수준이 높은 까닭은 역설적이게도 합스부르크 왕조의 지배를 받아 독일과 오스트리아의 학문, 예술 네트워크와 자유롭게 연결된 덕이다. 실제로 카를 만하임Karl Mannheim, 루카치 죄르지Lukács György 같은 유명한 헝가리 철학자들은 자신의 중요한 저술을 독일어로 썼다.

또 오스트리아와 마찬가지로 음악 수준이 높아 세계적인 음악가를 많이 배출했다. 프란츠 리스트, 벨라 바르톡Bela Bartok, 졸탄 코다이Zoltán Kodály, 에르뇌 도흐나니Ernő Dohnány 등의 작곡가뿐 아니라 피아노 분야에서도 강세다. 20세기 최고의 피아니스트 중 하나인 게자 안다Geza Anda, 바사리 터마시Vásáry Tamás, 예노 얀도Jenő Jandó, 졸탄 코치슈Zoltán Kocsis, 안드라스 쉬프András Schiff 등 인구 1,000만 명도 안 되는 이 작은 나라에서 배출했다고 믿기 어려울 정도로 즐비하다.

헝가리 국립 필하모닉 오케스트라Nemzeti Filharmonikus Zenekar와 부다페스트 페스티벌 오케스트라Budapesti Fesztiválzenekar는 세계 최고 수준의 오케스트라이며, 페렌츠 프리차이Ferenc Fricsay, 안탈 도라티Doráti Antal, 유진 오르만디Eugene Ormandy 등 전설적인 지휘자도 여럿 배출했다. 프란츠 리스트

국립음악원은 베를린 예술대학, 빈 국립음악공연예술 대학과 더불어 유럽 최고의 음악교육기관이다.

우리 입맛에 잘 맞는 헝가리 음식

헝가리는 아시아인들이 유럽에 들어와 세운 나라답게 독특한 음식 문화가 발달했다. 또 은근히 우리나라 음식과 비슷한 것도 많다. 그런가 하면 오랫동안 오스트리아의 영향력 아래에 있었기 때문에 독일 요리의 흔적도 많이 남아 있다.

● 구야쉬Gulyas

헝가리 음식 중 제일 유명한 것은 일종의 얼큰한 스튜 요리인 구야 쉬다. 고기와 각종 야채를 파프리카와 함께 푹 삶은, 얼큰한 찜과 국의 중간쯤 되는 음식으로 우리 입맛에 매우 잘 맞는다. 이 음식이 합스부르크 가문의 지배를 받던 시절에 오스트리아를 통해 독일로 전파되어 서유럽식으로 발음되면서 '굴라쉬'라고 알려졌다. 독일식 레스토랑이라면 어김없이 굴라쉬를 취급해 독일 요리로 알기 쉬운데, 원조는 헝가리라는 것을 잊지 말자. 독일과 오스트리아뿐 아니라 체코, 불가리아, 러시아, 폴란드까지 널리 퍼진 요리다.

● 헐라슬레halászlé

우리나라의 민물고기 매운탕과 비슷한 요리다. 헝가리인은 얼큰한 수프류를 좋아하는데 역시 얼큰한 국물을 좋아하는 우리나라 사람 입맛에 잘 맞는다. 회를 먹고 남은 재료로 끓이는 우리나라식 매운탕과는 다르게 처음부터 온전한 생선살을 넣고 끓이기 때문에 빵과 곁들여 푸짐한 식사가 된다.

● 퇼퇴트 카포스터Töltött káposzta

양배추말이 요리다. 그냥 양배추말이가 아니라 쌀과 다진 고기로 속을 채워 넣었고, 양배추는 시큼하게 발효되어 김치와 비슷한 맛이 난다. 우리나라의 보쌈과 비슷하다.

● 도보스 토르테Dobos Torte

헝가리인은 얼큰한 식사를 즐기다 보니 이를 달래기 위해 달콤한 디저트도 즐긴다. 특히 오스트리아의 영향을 많이 받아 각종 과자와 케이크가 꽤 발달해 있다. 오스트리아에 세계적인 케이크 자허토르테가 있듯 헝가리에도 역시 그 비법이 감춰진 도보스 토르테가 있다. 빈에서 케이크 제조 방법을 배워 온 요제프 도보스Jósef Torte라는 장인이 1862년에 개발했다고 한다. 1962년 도보스 토르테 탄생 100주년 기념식을 할 정도의 국민 음식이다.

위: 구야쉬
아래: 도보스 토르테

헝가리의
역사

헝가리 이전의 판노니아

유럽 한가운데 드넓고 비옥한 판노니아 평원에 처음 거주한 민족은 체코와 마찬가지로 켈트족이었다. 그리고 다른 지역의 켈트족처럼 이들 역시 1세기경 로마의 침략을 받았다. 체코 지역에는 로마 군대만 주둔했으나 이곳 판노니아는 정식으로 로마의 속주屬州가 되어 따로 총독이 임명되었다.

4세기 말, 밀려오는 게르만족을 감당할 수 없게 된 로마제국은 판노니아에서 철수해 버렸고, 게르만족의 일파인 반달족Vandals이 들어와 새로운 주인이 되었다. 하지만 이들 역시 오래 머물지는 못했다. 동쪽에서 무시무시한 훈족이 몰려온 것이다.

훈족은 아틸라 왕 때 전성기를 이루었다. 아틸라는 판노니아에 만족하지 않고 로마제국까지 정복하고자 했다. 동로마제국을 쳐들어가 콘스탄티노플Constantinople을 함락 직전까지 몰고 간 뒤 많은 공물을 받고서야 물러났다.

서로마제국에도 두 차례 침공했다. 451년 1차 침공 때는 갈리아Gallia를 공격해 오늘날의 프랑스 오를레앙Orléans 근처까지 몰아쳤다. 452년 2차 침공 때는 이탈리아 쪽으로 쳐들어가 당시 서로마의 수도인 라벤나Ravenna를 함락하는 등 멸망 직전으로 몰고 갔으나 아틸라는 돌연 교황 레오 1세Leone I와 모종의 협상을 하고 판노니아로 물러났다. 그 강화 협상

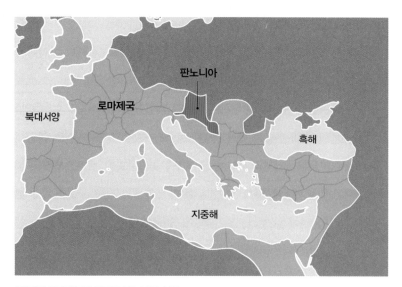

1세기경 로마제국의 영토와 판노니아 속주

의 내용이 무엇인지, 호전적이던 아틸라가 왜 순순히 물러났는지는 아직까지도 수수께끼다.

마자르족의 나라, 헝가리왕국

● 유럽을 뒤흔든 마자르족

9세기 후반, 아르파드의 영도 아래 핀족, 투르크족 계열의 아시아계 민족인 마자르족이 유럽으로 몰려왔다. 이들은 판노니아 일대를 먼저 확보한 뒤 유럽 전역으로 세력을 확장했다. 유럽에서 무사한 지역이 없을 지경이었다. 당시 이탈리아 교회에서는 '마자르족의 화살로부터 우리를 지켜 주소서'라는 기도문이 낭송될 정도로 유럽 전체를 공포에 떨게 했다. '바다에는 바이킹, 육지에는 헝가리'라는 절망적인 표현도 있었다.

유럽의 거의 모든 나라가 조약을 맺고 해마다 마자르족에게 막대한 공물을 바쳤다. 특히 인접한 독일(동프랑크)의 고통이 심했다. 참다못한 독일 왕 오토 1세는 조약 파기를 선언하고 공물을 거부했다. 마자르족은 이를 응징하기 위해 독일을 침공했으나 마자르족의 무기와 전술을 철저히 연구하고 대비한 오토 1세에게 유럽 진출 이후 최초의 참패를 겪고 물러났다(레히펠트 전투, 955). 이를 계기로 오토 1세는 서유럽의 패권을 잡고 신성로마제국의 황제가 되었다.

● 가톨릭 개종과 헝가리왕국의 수립

신성로마제국에 막혀 기세가 꺾인 마자르족은 판노니아 일대에 완전히 정착해 헝가리왕국을 세웠다. 유럽인들과의 공존을 위해 이슈트반 1세István I는 1000년 12월 25일에 세례를 받고 크리스트교로 개종했다. 또 신성로마제국 황제 하인리히 2세Heinrich II의 누이와 결혼하고 자신의 누이를 베네치아공화국의 지도자에게 시집보내는 등 유럽 세계에 착실히 진입했다. 이슈트반 1세는 훗날 성자로 지정되어 센트 이슈트반Szent István(성 이슈트반)이 되었다.

황제와 교황은 기쁨을 감추지 못했다. 마자르족이 무시무시한 약탈자가 아니라 크리스트교 세계의 방패가 된 것이다. 실제로 헝가리는 몽골제국, 오스만제국의 침입을 강력하게 저지하는 유럽의 방파제 역할을 톡톡히 수행했다. 이후 헝가리왕국은 다뉴브강 유역의 넓은 평야를 기반으로 안정적이고 부강한 나라로 번영했다.

중부 유럽의 강대국이자 방파제

● 몽골제국과의 혈투

13세기경 헝가리왕국은 중부 유럽의 강국으로 자리 잡았다. 북쪽으로는 슬로바키아, 남쪽으로는 베오그라드Beograd와 달마티아Dalmatia, 동쪽으로는 흑해에 이르는 넓은 영역을 세력권으로 하고 있었다. 당시 슬라브족을 공포에 떨게 했던 카자흐 계열의 기마민족 쿠만족Cumans의 침략도 막아 냈다.

하지만 진짜 강적이 나타났다. 바로 세계를 정복한 몽골제국이다. 칭기즈칸Chingiz Khan의 손자 바투Batu는 러시아를 잿더미로 만든 뒤에 곧장 15만 명의 대군을 몰고 폴란드와 헝가리로 나누어 침공했다. 특히 바투보다 위협적이었던 인물은 불세출의 전략가인 장군 수부타이Sübütei였다. 폴란드 슐레지엔 지방의 레그니차Legnica에서는 폴란드, 독일기사단, 보헤미아, 모라비아 연합군이 몽골군과 맞붙었으나 전멸당하고, 총사령관인 폴란드 왕 헨리크 2세Henryk II가 참수되어 그 목이 깃대에 매달리는 참변이 일어났다.

이제 모든 것이 헝가리에 달린 상황이었다. 헝가리가 뚫리면 바로 신성로마제국이다. 당시 헝가리 왕 벨러 4세Béla IV는 셔요강Sajó 인근 무히(모히)Muhi에서 몽골군과 교전했다. 처음에는 몽골군 전위부대를 격파하며 잘 싸웠지만 몽골군이 화약과 공성 무기를 사용해 헝가리군의 방어벽을 파괴하자 당해 내지 못하고 수만 명의 전사자(기록에 따라 3만~10만)를 내며 궤멸당하고 말았다. 그나마 벨러 4세는 무사히 탈출해 목이 잘리지는 않았다. 몽골군은 헝가리 영토 곳곳을 유린하며 잔혹한 약탈과 학살을 일삼았다(1241). 이 시기 헝가리 인구가 30퍼센트나 줄었다고 한다.

헝가리를 유린한 몽골군은 다뉴브강을 건넜다. 빈에 몽골 정찰부대가 등장하자 유럽은 공포에 사로잡혔다. 그러나 몽골제국의 황제 오고타이 칸Ögedei Khan의 부고가 전해지면서 바투는 부대를 정비해 퇴각하고 빈은 포위에서 풀려났다.

간신히 살아남은 벨러 4세는 몽골이 언제든 다시 침략할 것을 예상하고 나라 재건에 나섰다. 우선 기마전이라면 최강이라 자부했던 마자르족도 몽골의 적수가 되지 않음을 인정했다. 그는 몽골군의 무기와 전술을 깊이 분석한 뒤 몽골군을 상대하려면 나무 대신 돌로 성을 쌓아야 한다는 것, 경기병이나 보병이 아닌 중장기병 중심의 병력을 편성해야 한다는 것, 몽골군과 궁술을 겨루어 이기기 어려우니 초보자도 쏘기 쉬운 석궁을 보급해야 한다는 것 등을 깨달았다.

그렇게 벨라 4세는 헝가리의 도시들을 돌로 된 높은 성벽으로 에워싸 요새화하고, 중장기병과 석궁수 중심으로 부대를 재편했다. 수도 역시 평원에 있는 에스테르곰Esztergom에서 다뉴브강가에 구축한 튼튼한 요새인 부다Budai로 옮겼다. 오늘날 부다페스트 관광의 중심인 부다성의 토대가 이때 지어진 것이다.

한편 쿠만족 수십만 명을 크리스트교로 개종시켜 받아들임으로써 줄어든 인구를 보충하기도 했다. 하지만 이 와중에도 오스트리아, 체코는 도와주기는커녕 헝가리가 약해진 틈을 타서 영토를 빼앗아 가려 했다. 헝가리인은 유럽인이 헝가리를 총알받이로 내세울 뿐 위험한 상황에서는 절대 도와주지 않는다는 것을 깨달았다.

벨러 4세의 손자 라슬로 4세László IV 때인 1285년, 몽골이 다시 쳐들어왔다. 하지만 이미 헝가리는 만반의 준비를 마친 상태였다. 몽골군은 요새화된 도시들을 돌파하지 못하고 고전하다 라슬로 4세가 이끄는 중장기병의 기습을 받아 궤멸했다. 이때 5만 명 가까운 몽골군이 전사했다고 하니 모히 전투의 앙갚음을 톡톡히 한 셈이다. 몽골은 포기하지 않고 다시 폴란드 쪽으로 침입을 시도했지만 여기서도 폴란드, 헝가리 연합군에게 패배하고 러시아로 쫓겨났다. 이후 몽골은 두 번 다시 유럽을 침략하지 않았다. 헝가리가 유럽의 방패 노릇을 제대로 해낸 것이다.

몽골의 침입으로부터 헝가리는 물론 유럽을 구한 라슬로 4세는 불의의 암살을 당하고 말았다. 문제는 후사를 남기지 않았다는 것이다. 우여곡절 끝에 라슬로 4세의 누이이자 나폴리의 왕비인 마리아 둥게리아의 손자이면서 신성로마제국 루드비히 1세 황제의 외손자인 앙주 카로이 로베르트Anjou Károly Róbert가 왕위를 계승했다(1301). 이로써 왕가는 아르파드에서 앙주로 바뀌게 되었다.

● 왕국에서 제국으로

카로이 1세와 그의 아들 러요시 1세Lajos I 재위기 때 헝가리는 역사상 가장 빛나는 시기를 맞이했다. 우선 영토가 크게 확장되었다. 러요시 1세는 오늘날 헝가리, 슬로바키아, 루마니아의 절반, 세르비아의 북부(베오그라드 포함), 크로아티아와 슬로베니아, 심지어 오스트리아의 일부까지 헝가리 영토로 집어넣었다. 게다가 폴란드의 왕까지 겸함으로써 사실상 중부 유럽 전체의 지배자가 되었다. 헝가리는 신성로마제국 동쪽에 있는 또 하나의 제국이 되었다.

그런데 러요시 1세는 아들 없이 딸만 셋을 낳았고 그중 둘이 장성했다. 그는 큰딸 앙주 마리어Anjou Mária가 14세가 되자 신성로마제국의 황제 카를 4세(체코명: 카렐 4세)의 아들 지기스문트를 사위로 맞아 들여 마리어가 헝가리 여왕이 되었을 때 의지할 든든한 배경을 만들었다. 작은 딸 앙주 헤드비그Anjou Hedwig(폴란드명: 야드비가Jadwiga)에게는 폴란드왕국을 물려

줄 생각이었다.

러요시 1세가 사망하고 마리어가 왕위를 이었지만 여왕마저 자식 없이 사망하자(1395) 외가 쪽으로나마 이어져 오던 헝가리 왕가가 사실상 끊어졌다. 일단 마리어의 남편인 지기스문트가 왕위를 계속 유지했지만 지기스문트마저 세상을 떠나자 문제가 커졌다. 오스트리아, 보헤미아, 나폴리, 심지어 폴란드의 유력 가문에서 저마다 자신들에게 유리한 쪽으로 족보를 해석해 가며 헝가리 왕위를 요구하는 상황이 벌어진 것이다.

이후 왕위는 어지럽게 이리저리 옮겨 다녔다. 그러다 룩셈부르크 가문의 후사가 끊기고 그 영토가 모두 합스부르크 가문에게 넘어가면서(독일편 참조) 결국 아무런 혈연관계도 없는, 즉 헝가리인의 피가 한 방울도 섞이지 않은 독일 왕조 합스부르크 가문에서 헝가리 왕위를 차지하게 되었다.

이때부터 합스부르크 가문의 당주가 오스트리아 대공, 보헤미아 왕, 헝가리 왕을 겸하면서 독일 왕이자 신성로마제국 황제에 등극하게 되었다. 당연히 헝가리 왕으로서의 의무에 전념하기 어려웠다. 이들은 주로 빈이나 프라하에 머무르면서 헝가리는 토착 귀족들에게 맡겨 두었다.

이 무렵 오스만제국이 비잔티움을 멸망시키고(1453) 콘스탄티노플로 수도를 옮겨 이스탄불istanbul이라 명명했다. 오스만제국이 이곳을 수도로 삼은 의도는 분명했다. 더 이상 서남아시아에 머물지 않고 유럽까지 지배해 옛 로마제국의 위상을 가지겠다는 것이었다. 다시 헝가리가 방패 노릇을 해야 할 상황이 왔다. 하지만 왕실과 국민이 서로 어긋난 상황에서 헝가리는 힘을 모아 대응하지 못했다. 합스부르크 가문의 왕은 오스만제국과 싸울 생각보다는 보헤미아나 오스트리아로 도망칠 궁리부터 했다. 오히려 싸움은 섭정인 후녀디 야노시Hunyadi János가 지휘했다. 후녀디 야노시는 베오그라드를 요새화한 뒤 이곳을 거점으로 오스만제국의 침입을 격퇴해 내면서 시민들의 존경을 받았다.

마침내 헝가리의 귀족들은 후녀디 야노시의 아들 마차시 1세Mátyás I를 국왕으로 옹립했다. 합스부르크 가문에서 항의했으나 북진하는 오스만제국을 막기 위해 묵인할 수밖에 없었다. 이로써 헝가리왕국은 다시 헝가리인 국왕을 되찾게 되었다.

마차시 1세는 해이해진 왕국의 기틀을 바로잡고 국왕을 중심으로 하는 강력한 중앙집권국가로 헝가리를 변모시켰다. 우선 강력한 상비군인 일명 '검은 군대'를 창설하고 오스만제국과의 국경을 요새화했으며 그 중심인 베오그라드를 난공불락의 군사도시로 만들었다.

오스만제국의 침입을 정리한 마차시 1세는 그동안 헝가리를 지배했던 합스부르크 가문, 즉 오스트리아와 보헤미아를 공격했다. 마침내 1469년, 마차시 1세는 보헤미아군을 격파하고 협정을 맺어 보헤미아국왕으로 즉위했다. 그리고 1485년에는 오스트리아군을 격파하고 빈을 점령한 뒤 오스트리아 대공이 되었다. 이로써 마차시 1세는 헝가리, 크로아티아, 오스트리아, 보헤미아의 왕관 네 개를 가진, 사실상 황제나 다름없는 존재가 되었다.

그는 군사적으로만 뛰어난 것이 아니라 문화 진흥에도 관심이 많았다. 이탈리아에서 발흥한 르네상스를 적극 수용했으며 대학을 세우고 서적을 수집하는 등 부다와 페스트를 피렌체에 버금가는 유럽 문화 중심지로 만들었다. 오늘날 부다페스트를 세계문화유산으로 만든 아름다운 건

부다페스트 영웅 광장에 세워진 마차시 1세 동상

축과 예술작품이 대체로 이 시기에 만들어졌다. 그러나 그는 오스트리아를 획득한 지 얼마 되지 않은 1490년에 빈에서 사망했다.

마차시 1세가 후사 없이 사망하자 헝가리 귀족들은 폴란드(헤드비그 공주 쪽 혈통)에서 무능하고 우유부단한 울라슬로 2세Ulászló II를 찾아 옹립했다. 유능한 국왕이 등극하면 권력이 집중되면서 귀족의 권력이 약해지고 세금의 의무가 늘어난다는 점을 배웠기 때문이다. 이들은 차라리 나라가 약해질지언정 귀족들이 다루기 쉬운 무능한 왕이 더 좋았다.

170년간 이어진 오스만제국의 지배

울라슬로 2세는 귀족들의 기대에 부합하는 인물이었다. 귀족들이 들고 오는 서류는 무조건 다 승인하는 예스맨이었던 것이다. 덕분에 헝가리는 마차시 1세가 일구었던 군사적, 문화적 힘을 잃어버리고 토착 귀족들 간의 연맹체 수준으로 퇴행하고 말았다.

더구나 율라슬로가 사망하고 그 아들인 러요시 2세Lajos II가 11세의 어린 나이로 왕위를 이으면서(1516) 헝가리는 더욱 쇠약해졌다. 그는 신성로마제국의 황제였던 막시밀리안 1세Maximilian I의 손녀사위였고, 처조부인 황제에게 매사를 의존했다. 막시밀리안 1세는 이를 이용해 헝가리 왕실의 후손이 끊어지면 합스부르크 가문이 헝가리 왕위를 계승한다는 약속을 받아 두었다.

한편 마차시 1세가 서거하자 주춤했던 오스만제국의 침공이 다시 시작되었다. 1521년에 오스만제국 황제 슐레이만 1세Süleyman I가 헝가리에게 신하가 될 것을 요구하자 러요시 2세는 처조부만 믿고 사신의 목을 베어 버렸다. 당연히 오스만제국의 침공이 시작되었다.

그 첫 번째 관문은 베오그라드였다. 이곳은 후녀드 야노시와 그 아들 마차시 1세가 구축한 요새로, 오스만제국이 서유럽으로 진출하려면 반드시 돌파해야 하는 곳이며 50년 이상 철옹성으로 버텼던 요충지다. 헝가리가 유럽의 방패라면 베오그라드는 헝가리의 방패였다.

하지만 이미 헝가리는 그때의 헝가리가 아니었다. 러요시 2세는 귀족들에게 베오그라드로 출격해 이교도를 무찌르라는 왕명을 내렸지만 귀족들은 그 명령을 무시했다. 믿고 있던 신성로마제국의 지원군도 오지 않았다. 철옹성 베오그라드라지만 병력이 200명뿐이라면 지킬 방법이 없다.

방어선이 뚫렸고 드넓은 판노니아 평원이 수도 부다까지 고속도로처럼 펼쳐졌다. 그제야 헝가리왕국의 군대가 편성되었고 약 5만 명의 병력이 모였다. 결전의 장소는 모하치Mohács 평원. 헝가리군은 넓은 평원에서 자신들의 장기인 기병전으로 이교도를 섬멸할 생각이었다. 그러나 당시 오스만군은 이미 강력한 총과 대포로 무장한 근대식 군대였다. 그 앞에 기병의 돌격은 먹잇감을 던져 주는 것이나 마찬가지였다.

헝가리가 자랑하던 기병대가 오스만군의 총포 앞에 허무하게 무너졌다. 헝가리군 가운데 적어도 3분의 2가 전사했고, 러요시 2세도 21세의 나이로 전사했다. 그런데 슐레이만 1세는 승리의 여세를 몰아 수도 부다로 진격하지 않았다. 수십 년 동안 오스만제국의 유럽 침략을 막아 냈던 그 강력한 헝가리가 이렇게 단숨에 끝났다는 것을 믿지 않고 오히려 계략이 아닐까 두려워한 것이다. 슐레이만 1세는 헝가리를 바로 제국에 합병하지 않고 일단 후퇴했다.

러요시 2세가 젊은 나이에 전사하며 후손이 끊어지자 이틈을 타고 오스트리아 대공 페르디난트 1세는 헝가리 왕위가 합스부르크 가문의 것이라고 주장했다. 그리고 군대를 몰고 부다를 접수했다. 헝가리에는 더 이상 대항할 군대가 남아 있지 않았다.

그러나 1529년에 오스만제국이 다시 헝가리로 진군했다. 합스부르크 군은 헝가리를 지키기는커녕 오히려 수도 빈까지 포위당하며 악전고투했다. 이로써 헝가리는 오스만제국의 지배를 받는 신세가 되었다. 이후 약 170년간 헝가리인은 터키인의 가혹한 통치에 시달렸다. 많은 헝가리인이 죽임을 당하거나 노예로 끌려갔다. 옛 헝가리 귀족은 영지를 모두 빼앗기고 추방당했으며 농민들만 남았다. 이어진 수탈은 매우 잔혹했다.

1699년, 합스부르크 가문이 오스만제국을 헝가리에서 몰아냈다. 오스만제국은 옛 헝가리왕국의 영토를 모두 오스트리아에게 내주었다. 그런데 오스만제국의 통치가 얼마나 가혹했던지 이 소식을 전해 듣고도 부다 시내가 조용했다고 한다. 기쁘지 않아서가 아니라 환호성을 지를 사람이 별로 남아 있지 않았기 때문이다.

오스만제국에서 합스부르크 왕가로

헝가리인들은 오스만제국의 압제에서 벗어난 기쁨에 그만 합스부르크 가문의 지배를 쉽게 받아들이고 말았다. 그 이전에도 합스부르크 가문이나 룩셈부르크 가문의 왕을 모신 적 있기 때문에 독일인 왕에 대한 거부감이 크지 않았을뿐더러 크리스트교 왕이라는 점이 주요했다.

하지만 그때와는 상황이 달랐다. 이전에는 헝가리라는 강력한 국가가 존재하고 있는 가운데 족보를 따지다 보니 보헤미아 왕이나 오스트리아 대공이 헝가리 왕을 겸했을 뿐이었다. 마지막에는 오스트리아 대공, 보헤미아 왕, 헝가리 왕을 한 사람이 겸하게 되었는데 그렇다고 이 세 나라가 하나의 나라로 합병된 것은 아니다. 이런 형태를 같은 임금을 모시는 나라의 연합, 즉 동군연합同君聯合, Personal Union이라 불렀다. 오늘날 영국 엘리자베스 2세Elizabeth II가 영국, 캐나다, 오스트레일리아, 뉴질랜드의 여왕이지만 이들이 각각 독립국가인 것을 생각하면 된다.

반면 이번에는 헝가리라는 나라가 이미 멸망해 오스만제국의 영토인 상태에서 오스트리아가 그 땅을 빼앗은 경우다. 즉 헝가리는 오스트리아와 동군연합의 일원이 아니라 지배받는 위치에 서게 된 것이다. 오스만제국의 영토에서 오스트리아제국의 영토로 바뀌었을 뿐이다.

헝가리인들은 이를 받아들이지 못했다. 이들은 즉시 라코치 페렌츠 2세Rákóczi Ferenc II를 지도자로 세워 독립전쟁을 일으켰다(1701). 라코치 페렌츠 2세는 헝가리 영토 대부분을 되찾은 뒤 헝가리 의회를 다시 구성했다. 의회는 라코치를 헝가리왕국의 통치공으로 추대하고 합스부르크 가문을 헝가리 왕위에서 몰아내는 결의를 했다(1704).

그러나 합스부르크 가문의 반격이 시작되었다. 트렌친Trenčín 전투(1708)에서 헝가리군은 합스부르크군에게 패배하고 다시 오스트리아의 지배 아래 떨어졌다. 라코치는 여러 나라를 떠돌며 망명 생활을 하다 끝내 헝가리로 돌아오지 못하고 죽었다.

헝가리 독립운동의 지도자 라코치 페렌츠 2세

그러나 이 투쟁이 의미 없는 것은 아니었다. 오스트리아는 헝가리인을 힘으로 억박지르며 다스릴 수 없다는 것을 깨닫고 상당한 자치권을 내주었다. 이후 100년간 헝가리는 중소 귀족들과 지주들이 구성한 의회 중심의 자치가 이루어졌고, 높은 농업생산력을 바탕으로 오스만제국 압제의 상처를 치유해 번영하기 시작했다.

이때부터 헝가리의 미묘하고 모순적인 태도가 시작되었다. 헝가리인은 독일인(합스부르크 왕가)에 대해서는 피지배자의 위치였지만, 트란실바니아(루마니아)인, 슬로바키아인, 세르비아인, 크로아티아인에 대해서는 지배자로 군림했다. 오스트리아가 여러 민족을 독일인이 지배하는 다민족제국이라면 헝가리는 다른 민족들에게 독일 앞잡이로 보였을 것이다.

자유로운 시민의 나라를 향한 꿈

1848년 2월, 파리에서 2월혁명이 터지고 공화정이 수립되자 자유주의, 민족주의의 불길이 온 유럽으로 퍼져 나갔다. 헝가리도 예외가 아니었다. 1849년에 민족 지도자 코슈트 러요시Kossuth Lajos가 이끄는 헝가리 독립군이 봉기했다.

그는 왕정을 거부하고 민주정을 주창했으며, 독일(합스부르크 가문)의 지배를 거부하고 헝가리의 독립을 선언했다. 마침내 헝가리의 독립선언이 이루어지고 코슈트 러요시가 대통령으로 선출되었다.

코슈트는 단지 헝가리의 독립만 주장한 것이 아니라 제국의 모든 신민에게 절대왕정을 청산하고 자유로운 시민의 나라를 세우자고 주장했

헝가리 국회 앞에 서 있는 코슈트 러요시 동상

기 때문에 합스부르크 왕가뿐 아니라 프로이센, 러시아 등 다른 절대군주 국가들에게도 심각한 위협이었다. 여러 군주가 연합해 헝가리 혁명을 분쇄했다.

결국 코슈트 러요시는 이탈리아, 프랑스 등을 떠돌며 기나긴 망명 생활을 하게 되었고 어려운 상황 속에서도 헝가리의 자유주의, 민족주의 운동을 고취시키다 끝내 이국에서 눈을 감았다. 수많은 헝가리인이 그의 부고를 듣고 통곡했다. 오늘날 헝가리에서 코슈트 러요시라는 이름은 중국의 쑨원孫文, 베트남의 호찌민Hồ Chí Minh과 같다.

현재 다뉴브강가에 세워진 헝가리 국회의사당 앞 광장이 바로 코슈트 러요시 광장이다. 그곳에는 코슈트 러요시와 라코치 페렌츠의 동상이 나란히 서서 헝가리 국민에게 자유와 독립 정신을 말없이 전하고 있다. 이와 더불어 국회의사당 맞은편에는 코슈트 러요시 기념관이 자리 잡고 있다.

코슈트의 이름은 우리나라 독립운동가들에게도 익숙한 이름이었다. 중국의 개화사상가 량치차오梁啓超가 쓴 코슈트의 전기《흉아리 애국자 갈소사전匈牙利 愛國者 噶蘇士傳》이 우리나라 독립운동가들의 필독서였기 때문이다. 우리나라 독립운동이 단지 조선 왕조의 복원이 아닌 민주공화정과 독립을 함께 쟁취하는 쪽으로 가닥을 잡은 데도 자유주의자이자 민족주의자인 '갈소사' 선생의 영향이 적지 않다.

오스트리아-헝가리 이중제국에서의 미묘한 위치

라코치 페렌츠의 투쟁으로 헝가리에 많은 자치권을 주어졌듯이 코슈트 러요시의 투쟁 역시 합스부르크 왕조로부터 많은 양보를 끌어냈다. 당시 합스부르크 왕가는 대내외적으로 곤란한 상태였다. 안으로는 헝가리, 체코, 크로아티아, 폴란드 등 여러 민족의 자치 요구가 거셌고, 밖으로는 프로이센에게 패배해 독일연방에서 축출됨으로써 '황제'라고 자처할 근거가 사라졌다. 합스부르크 왕가는 오스트리아와 여러 민족국가의 연방제국이라는 방안 내신 오스트리아-헝가리 이중제국이라는 대안을 선택했다(1867). 제국 내 인구가 가장 많은 민족인 슬라브족을 여전히 피지배 민족으로 남겨 두면서 제국 내에서 가장 저항이 드센 헝가리인을 회유하는 교묘한 책략이었다.

이로써 명목상 헝가리는 오스트리아왕국과 공동으로 연방을 구성하는 헝가리왕국(헝가리, 슬로바키아, 트란실바니아, 크로아티아를 지배)이 되었고, 오스트리아 왕이 헝가리 왕을 겸하면서 이 연방제국의 황제가 되어 오스트리아-헝가리제국이 되었다. 다만 헝가리왕국에서는 헝가리 의회가 중요한 정책을 결정하게 했다. 이것은 교묘한 기만책이었다. 오스트리아는 헝가리에 대한 지배권을 놓지 않으면서 헝가리가 마치 여러 슬라브족을 지배하는 것 같은 착시효과를 내서 헝가리의 저항을 잠재운 것이다.

코슈트는 이런 기만적인 이중제국에 격렬하게 반대했지만 해외 망명 중이라 손쓸 방법이 없었다. 국내의 헝가리 민족지도자들은 자유주의를 버리고 민족주의만 취함으로써 슬라브족을 비롯한 타 민족에 대한 억압자의 위치에 서고 말았다. 이는 헝가리 역사 속 큰 비극의 씨앗이 되었다. 어쨌든 헝가리는 오스트리아(독일인)의 지배를 받는 민족이 아니라 독일인과 공동으로 슬라브족, 루마니아족을 지배하는 민족이 되었고, 부다페스트는 빈과 더불어 제국의 수도로서 크게 번창했다. 19세기 말 부다페스트는 베를린과 비슷한 규모의 대도시로 성장했다.

세계대전의 영양가 없는 패전국

제1차 세계대전(독일 및 오스트리아 참조)에 헝가리왕국 역시 동맹국으로 참전했다. 오스트리아-헝가리제국이 참전했으니 하지 않을 방법도 없었다. 결국 연합국의 승리로 끝난 이 전쟁에서 헝가리는 애매한 패전국이 되었다. 사실상 오스트리아제국의 부분이지만 명목은 오스트리아-헝가리제국이니 체코, 슬로바키아 등과 달리 식민지가 아니라 패전국으로 취급되었다. 그 결과 트리아농조약(1920)에서 헝가리는 오스트리아와 분리 독립되는 것이 아니라 해체되고 말았다.

헝가리는 이 조약에 따라 영토의 3분의 2를 상실했다. 거대한 제국의 공동 지배자 위치에서 동유럽의 소국으로 강제 독립당한 헝가리왕국은 독일, 오스트리아와 마찬가지로 엄청난 전쟁배상금까지 물어내야 하는 처지가 되었다.

영국, 프랑스 등 서유럽에 대한 반발이 거세게 일어났다. 이 때문에 헝가리는 제2차 세계대전이 일어나자 히틀러 편에 서는 더 큰 실책을 범했다. 독일 민족에 대한 미묘한 열등감과 다른 민족에 대한 우월감이라

제1차 세계대전 이후 헝가리가 상실하게 된 영토

는 이 모순이 큰 사고를 치고 만 것이다.

나치 독일에서 그랬듯이 헝가리에서도 인종 청소가 이루어졌다. 수십만 명의 유대인과 집시가 아우슈비츠로 끌려가 학살당했다. 이 중에 집시 학살은 잘 알려져 있지 않았는데, 헝가리는 아직까지 공식적인 사과와 보상을 하지 않고 있다. 헝가리는 전쟁이 끝나고 70년 뒤인 2014년에야 아데르 야노시Áder János 대통령이 아우슈비츠에서의 학살을 도왔던 과거를 마지못해 인정했다. 이마저도 어디까지나 독일의 공범이라는 뉘앙스며 집시에 대해서는 언급하지 않았다.

어쨌든 1945년 제2차 세계대전이 끝나고 헝가리는 또 한번 패전국의 멍에를 뒤집어썼다. 그리고 승전국의 자격으로 소련군이 들어와 주둔하는 것을 막을 수 없었다. 헝가리에 밀려온 소련군은 난폭하게 헝가리를 통치했다. 50만 명이 넘는 헝가리인이 소련군 수용소에 끌려갔고 상당수가 다시 돌아오지 못했다. 심지어 5만 명이 넘는 헝가리 여성이 소련군에게 성폭행당했다.

소련을 등에 업은 공산당의 독재

이오시프 스탈린Iosif Stalin은 폴란드와 체코슬로바키아, 북한 등에서 그러했듯 소련군 점령 지역에 공산주의를 퍼뜨렸다. 소련은 승전국 자격으로 패전국을 관리하는 연합통제위원회를 설치한 뒤 교묘하게 민주 정부를 흔들고 공산주의자들의 권력 획득을 지원했다. 마침내 1947년, 스탈린의 지도를 받는 라코시 마차시Rákosi Mátyás의 헝가리 공산당이 선거에서 승리해 권력을 차지했다. 다른 공산주의국가들에서 그랬듯이 마차시 역시 더 이상의 선거가 의미 없는 완전한 1당 독재 체제로 헝가리를 바꾸었다. 국회를 장악한 마차시는 바로 헌법을 고치고 헝가리인민공화국을 선포했다(1949).

라코시는 스탈린처럼 독재뿐 아니라 개인숭배까지 강요했다. 또 자신을 비판하거나 정책에 반대하는 사람들을 무참하게 살해함으로써 권력을 유지했다. 그의 별명이 '대머리 살인자', '스탈린의 모범생'이었을 정도다. 라코시는 거의 모든 정치, 경세 제도를 스탈린의 소련으로부터 들여왔다. 유럽 제일의 농업국가였던 헝가리가 굶주림에 시달릴 정도로 경제가 무너졌다.

그러나 라코시는 고집을 꺾지 않고 오히려 자기 정책에 반대하는 사람들을 체포, 고문, 살해했다. 이를 위해 국가보호국이라는 감시 기구를 만들어 국민의 일거수일투족을 감시하고 조금이라도 저항의 조짐이 보이면 체포했다. 1948년부터 1956년까지 단 8년 동안 수십만 명의 지식인과 관료가 숙청당했다. 헝가리가 1,000만 명이 안 되는 나라라는 것, 그리고 숙청 대상이 주로 지식인층이라는 것을 감안하면 이게 얼마나 끔찍한 일인지 감이 올 것이다.

마침내 견디지 못한 헝가리 시민들이 봉기했다. 1956년 10월 22일, 부다페스트 공과대학 학생들이 모여 자유선거, 소련군 철수, 임금 인상 등 16개의 요구안을 선포하는 집회를 열었다. 여기에 20만 명이나 되는 시민들이 집결했다. 이들은 시내 곳곳에 서 있는 스탈린 동상을 무너뜨리고 방송국을 점거해 16개안의 방송을 요구했다.

이에 소련군이 부다페스트에 진입했다. 분노한 헝가리 군인들이 시위대에 가담했고 10월 26일에는 전국적으로 총파업이 일어났다. 학생, 군인, 노동자, 지식인이 모여 혁명평의회를 구성해 소련군 철수, 민주주의, 독립 등을 요구했다. 그러자 소련군이 이들에게 발포하면서 사망자가 속출했다. 국제연합 안전보장이사회가 소집되자 소련군이 물러나는 듯했으나 11월 4일에 다시 전차를 몰고 헝가리로 진입했다. 소련군은 당시 헝가리 총리 너지 임레Nagy Imre를 목매달아 죽였다. 이후 수많은 헝가리 지식인, 정치인이 체포되고 살해당했다. 2만여 명이 체포되었는데 이 중 230명이 처형당하고 1만 3,000명이 강제수용소로 끌려갔다.

소련군을 피해 망명길에 오른 지식인, 관료, 정치가만 20만 명에 육박했다. 오늘날 미국 과학, 예술계에 헝가리 출신 저명인사가 많은 까닭이다. 이후 소련은 헝가리를 허수아비 총리 카다르 야노쉬Kádár János가 이끄는 위성국가로 만들어 버렸다.

이때 많은 헝가리인은 몽골제국의 침입과 오스만제국의 침입 때에 이어 세 번째로 서유럽이 자신들을 배신했다고 생각했다. 물론 영국, 프랑스, 미국 등 서방세계는 소련의 침략을 수없이 규탄했지만 결국 말뿐이었던 것이다.

민주화 이후의 혼돈

카다르 야노쉬의 공산 독재는 종주국인 소련이 미하일 고르바초프Mikhail Gorbachev 서기장을 중심으로 개혁, 개방이라는 뜻의 글라스노스트

гла́сность 정책을 실시하면서 흔들렸다. 1989년 폴란드에서 평화로운 정권 교체가 이루어지고 소련이 여기에 간섭하지 않자 당시 40세의 젊은 총리 네메트 미클로시Németh Miklós도 철의 장막을 풀고 서방세계로의 여행을 허가하는 자유, 개방 정책을 실시했다. 그러자 수많은 동독 주민이 서독으로 건너가는 중간 다리로 헝가리를 선택해 건너오기 시작했다. 결국 이 때문에 동독 공산 정권과 베를린장벽이 무너졌다.

상황을 빠르게 판단한 헝가리 사회노동당은 놀랍게도 시민들의 저항이나 시위가 조직되기도 전인 1989년 10월에 스스로 공산주의의 끝을 선포하고 당의 해산과 자유총선거를 결의했다. 경이로운 순간이었다. 루마니아처럼 공산 독재자가 시민들에게 살해당하지도, 중국처럼 공산당이 시민들을 살해하지도, 동독, 폴란드, 체코슬로바키아처럼 수십만 명이 참가하는 시위나 파업이 일어나지도 않았다. 공산당이 스스로 권력을 내려놓고 해산해 버린 사례는 헝가리가 유일하다.

민주화 이후 헝가리는 빠르게 자유민주주의와 시장경제를 도입했다. 그러나 그 길은 체코에 비해 굴곡이 심한 편이었다. 일단 총선거를 통해 민주화운동 지도자였던 언털 요제프Antall József를 총리로 선출하는 데까지는 잘 갔지만 언털 총리가 갑자기 사망하면서 일이 꼬였다(1993). 더구나 그 뒤를 이은 보로쉬 페테르Boross Péter 총리는 무능하고 인기가 없어 1994년 총선거에서 사회당의 호른 줄러Horn Gyula가 정권을 잡았다.

이는 옛 공산당이 선거로 다시 정권을 잡은 사태다. 기껏 민주화를 이루어 놓고 4년 만에 선거로 공산당에 정권을 내준 것이다. 이후 헝가리는 민주화를 주도했던 민주토론회MDF가 사실상 와해되었다.

이 무렵 오르반 빅토르Orbán Viktor가 등장했다. 그는 청년민주연맹이라는 우익 정당의 지도자로, 만 35세의 나이에 총리가 되었다. 처음에는 친서방, 친시장 정책을 강화하고 국영기업을 민영화하는 등 개혁정책을 펼쳤지만 2002년 총선거에서 사회당-자민련 연합에 패하면서 생각이 바뀌었다.

이후 2010년까지 사회당이 계속 집권했는데, 그 기간 내내 1퍼센트 대의 저조한 경제성장에 시달리다 마침내 국제통화기금의 구제금융까지 받는 등 경제가 나락에 빠졌다. 국제통화기금은 헝가리의 재정 안정을 위해 긴축을 요구했고, 이는 각종 복지 혜택의 축소로 이어지면서 국민들의 반발이 높아졌다.

이를 감지한 오르반은 정치 성향을 민족주의, 대중주의 성향으로 바꾸었다. 그는 자유주의나 공산주의나 결국 소수 엘리트가 대중을 지배하려는 사상이라고 좌우를 모두 공격하면서 대중적인 인기를 얻었다. 마침내 2010년 총선에서 오르반이 이끄는 피데스당은 전체 의석의 3분의 2 이상, 즉 헌법을 바꿀 수 있는 의석을 차지하며 정권을 되찾았다.

다시 총리가 된 오르반은 2013년에 국제통화기금의 구제금융을 조기 상환하면서 높은 인기를 누렸다. 그리고 이를 기반으로 헌법을 개정했다(2012). 이 헌법 개정안에는 언론, 출판, 집회, 시위의 자유를 축소하고 규제를 강화하며 피데스에게 유리하게 선거구를 개편하는 등 비민주적인 요소가 가득했다. 이에 대해 유럽연합이 반민주적인 행위로 규정하자 오르반은 친중, 친러, 반유럽연합 선동으로 맞섰다(그러면서도 유럽연합을 탈퇴하지는 않는다).

특히 오르반에게 새로운 먹잇감이 생겼는데, 그건 바로 빈곤과 내전으로 시달리다가 서아시아, 아프리카에서 탈출해 들어오는 난민 문제다. 유럽연합은 난민의 주요 유입 통로인 그리스, 이탈리아의 부담을 덜기 위해 유럽연합 회원국들에 난민을 할당했다.

독일이 4만 명, 프랑스가 3만 명, 스페인이 1만 5천 명을 할당받았고, 체코, 헝가리, 폴란드 등도 할당을 받았다. 체코, 헝가리, 폴란드는 크게 반발했다.

오르반은 아예 난민들이 이동하는 경로의 국경에 장벽을 설치하고 난민들을 추방해 '유럽의 트럼프'라는 달갑지 않은 별명을 얻었다.

그러자 유럽연합 집행위원회는 체코, 헝가리, 폴란드를 유럽사법재판소에 제소했는데 이는 결국 세 나라를 점점 반유럽, 반서방 극우 정권 쪽으로 밀어내는 결과를 초래했다. 문제는 이렇게 극우적, 민족주의적으로 나올수록 국내에서 인기는 더 높아지고 비판의 목소리는 위축된다는 것이다.

실제로 오르반에게 비판적인 사설을 실은 헝가리 일간지 〈머저르 넴제트Magyar Nemzet〉가 폐지되는 충격적인 일이 일어났다. 이 신문은 그동안 친오르반 언론이었기 때문이다. 이제 헝가리는 민주주의가 계속 지켜질 수 있을지 의심스러운 상황이 되었다. 그런데도 오르반은 경제를 되살렸다는 이유로 여전히 중장년층의 높은 지지를 얻어 오늘날까지 장기 집권을 이어 가고 있다.

헝가리의
미래

● 배타적 민족주의를 넘어

헝가리의 미래는 현재 불확실하다. 헝가리는 옛 공산권 국가 중 가장 빨리 자유민주주의, 시장경제 체제로 전환한 나라지만 공산주의 세력이 여전히 강한 정치 세력으로 남아 있어 오락가락한 시간을 보냈다. 그리고 지금 어느 모로 보나 비민주주의자임이 분명한 오르반 정권 치하에 있다. 헝가리가 이 시련을 극복하고 다시 민주주의의 길을 걸어갈지, 아니면 러시아나 중국처럼 민주주의도 아니고 공산주의도 아닌 권위주의 독재 정권의 길을 걸어갈지 불확실하다.

이런 불확실성의 원인에는 헝가리 국민의 책임도 적지 않다. 이들의 배타적이고 우월감에 찬 민족주의는 주변 슬라브족, 루마니아, 집시에 대한 혐오와 멸시로 나타났고, 결국 두 차례의 세계대전에서 패전국의 명에를 쓰게 만들었다. 독일에서는 이러한 배타적 민족주의가 폐기된 반면 헝가리는 여전히 이를 고수하고 있다. 즉 헝가리인의 정서 속에 아직까지 비민주적 요소가 남아 있는 것이다. 헝가리가 다른 나라나 민족에게 모욕당했다고 느끼는 순간 이를 선동하는 정치가에게 쉽사리 넘어갈 수 있다는 뜻이다.

사실 이 문제는 헝가리뿐 아니라 오스트리아, 독일, 프랑스에서도 심각한 반발을 일으키고 있으며 영국이 유럽연합 탈퇴(브렉시트)를 결정한 계기가 되기도 하는 등 헝가리만의 문제는 아니다. 현재 유럽연합 자체가 시험에 든 상황이고, 만약 유럽연합이 이 위기를 극복하지 못한다면 헝가리는 빠르게 러시아식 권위주의 국가로 바뀔 가능성이 있다. 헝가리인이 과거 유대인과 집시에게 행했던 학살, 슬로바키아과 루마니아 등에 행했던 민족동화정책에 대해 잘못을 인정하고 반성하지 않는 한 이런 현상은 계속 반복될 것이다.

헝가리에서
조심해야 할 것들

● **인종차별과 집시**

헝가리인들은 민족을 차별한다. 우리나라는 헝가리인이 우대하는 민족에 속한다. 같은 아시아라도 한국인과 일본인은 우대하며 중국인과 베트남인은 그 아래로 대접한다. 같은 유럽이라도 슬로바키아, 세르비아, 루마니아, 러시아를 혐오하고 독일, 체코, 크로아티아, 슬로베니아에 우호적이다. 특히 오스트리아를 매우 좋아하며 동경한다.

헝가리인이 제일 싫어하는 민족은 집시다. 헝가리에는 집시가 많이 살고 있다. 무려 인구의 10퍼센트에 육박하는 75만 명의 집시가 살고 있다. 헝가리 자체가 다문화를 용납하지 않는 사회인데, 집시는 집시대로 헝가리에 동화되지 않고 독자적인 생활방식을 고수하고 있어 서로 사이가 나쁘다. 헝가리는 나치 시절에 집시를 대량 학살하기도 했으나 실체 규명도, 사과도 하지 않았다. 또한 집시들은 19퍼센트만이 중등학교를 졸업하는 등 저학력, 저소득층을 이루고 있다.

이런 이유들이 겹치면서 집시는 헝가리에서 여러 사회문제의 원인이 되기도 한다. 집시들을 대상으로 혐오를 분출하는 극우 단체가 만들어지는가 하면 집시는 집시대로 내전을 일으킬 듯 강하게 반발하고 있다. 또 관광객들에게 집시는 소매치기, 좀도둑은 물론 강도, 살인 등 강력범죄까지 저지르는 경우가 많아 주의 대상이 된다.

● **민족과 문화에 대한 비판**

헝가리인은 자존심이 강하고 자기 민족과 정서적으로 강한 일체감을 느끼고 있다. 그래서 자기 민족, 나라에 대한 비판을 자신에 대한 모욕으로 받아들이는 경우가 많다.

따라서 외국인이 헝가리의 사회, 관습, 문화에 대해 비판적으로 판단하는 발언은 어지간하면 하지 않는 편이 좋다. 이들은 전투 민족의 후손이라 모욕을 참지 않는다. 국회의원들끼리 토론하다 화가 나면 주먹을 휘두르기도 한다.

특히 이들이 가지고 있는 민족적 자부심은 대체로 문화적인 것이다. 이들은 자신들이 문화적으로 매우 탁월하다고 믿고 있다. 헝가리인은 절대 문화다원주의자가 아니다. 문화에 우열이 있으며 고급문화와 대중문화에 차등을 두는 사람들이다. 음악을 예로 들면 클래식과 대중음악 사이에는 위계가 있다. 물론 이들도 대중음악을 즐기고, 케이팝도 듣는다. 하지만 팝은 어디까지나 팝이다. 헝가리 출신 팝스타가 아무리 유명해도 이들이 진짜 자랑스러워하는 대상은 그들이 배출한 수많은 클래식 거장들이다.

● **영어**

헝가리는 유럽 국가 중에 영어가 매우 통하지 않는 나라에 속한다. 알파벳을 쓴다 뿐이지 인도-유럽어 계열이 아니라 서로 간의 언어가 쉽게 호환되는 다른 유럽 나라들과는 처지가 다르다. 그나마 40대 미만 여성 중 영어로 의사소통이 가능한 이가 있을 확률이 높다. 남성의 경우는 가능성이 뚝 떨어지며 50대 이상의 남성이라면 거의 안 통한다고 생각하면 된다. 만약 독일어를 구사할 수 있으면 그쪽이 좀 더 확률이 높을 수 있다.

부록

유럽연합

유럽연합EU은 유럽 28개국이 만든 국가연합이다. 연방처럼 하나의 나라를 이루지는 않지만 정치, 경제, 외교, 안보 등 여러 영역에서 공동 대응하고 회원국 간 무역에 관세를 물지 않으며 비자 없이 이주할 수 있는 등 사실상 한 나라나 다름없는 공동 경제, 생활권을 이루고 있다. 유럽연합에 가입하려면 민주주의를 도입하고 사형을 폐지해야 하며 세계 인권선언을 수용해야 한다. 28개국을 모두 합치면 인구는 약 5억, 경제 규모는 미국과 맞먹는다.

회원국(가입 순서)

벨기에, 프랑스, 이탈리아, 룩셈부르크, 네덜란드, 독일, 덴마크, 아일랜드, 그리스, 포르투갈, 스페인, 오스트리아, 핀란드, 스웨덴, 헝가리, 키프로스, 체코, 에스토니아, 라트비아, 리투아니아, 몰타, 폴란드, 슬로바키아, 슬로베니아, 불가리아, 루마니아, 크로아티아

유럽연합은 국가처럼 행정부, 입법부, 사법부를 두고 있다. 행정부는 유럽연합 집행위원회로 각 회원국에서 한 명씩 파견해 구성한다. 예산을 집행하고 대외적으로 유럽연합 전체를 대표한다. 가령 자유무역협정 FTA도 집행위원회가 모든 회원국을 대표해 체결한다. 그 밖에 조약을 위

반하는 회원국을 고발하는 역할도 한다. 또한 유럽의회EP에 법안을 발휘할 권한이 있다.

입법부는 주민선거로 선출되는 유럽의회와 각 회원국 외무장관들로 구성되는 유럽연합의사회가 각각 하원과 상원의 역할을 한다. 다만 유럽의회와 이사회는 법안을 발의할 권한은 없고 법안과 예산안을 심의 의결할 권한만 가지고 있다.

사법부는 유럽연합 사법재판소다. 그 밖에 중앙은행 역할을 하고 공통 통화인 유로화를 관리하는 유럽중앙은행ECB도 설치해 두고 있다.

위: 유럽기. 유럽연합의 공식 깃발이자 상징이다.
아래: 유로화 지폐. 유럽연합의 공식 통화다.

참고 도서

- 《상식과 교양으로 읽는 유럽의 역사》, 만프레트 마이, 장혜경 옮김, 웅진지식하우스, 2008.
- 《유로》, 조지프 스티글리츠, 박형준 옮김, 열린책들, 2017.
- 《세계를 읽다, 독일》, 리처드 로드, 박선주 옮김, 도서출판 가지, 2016.
- 《세계 문화 여행: 오스트리아》, 피터 기에러, 임소연 옮김, 시그마북스, 2019.
- 《어느 독일인의 삶》, 브룬힐데 폼젤, 토레 D. 한젠 엮음, 박종대 옮김, 열린책들, 2018.
- 《체코 역사와 민족의 정체성》, 김장수, 푸른사상, 2016.
- 《중유럽 민족문제》, 강성호, 동북아역사재단, 2009.
- 《제국의 종말》, 타임라이프 북스, 김훈 옮김, 가람기획, 2005.
- 《새로운 서양 문명의 역사》, 로버트 스테이시, 주디스 코핀, 박상익 옮김, 2014.
- 《새로 쓴 독일역사》, 하겐 슐체, 반성완 옮김, 지와사랑, 2011.
- 《독일 프랑스 공동 역사교과서》, 페터 가이스, 기욤 르 캉트렉, 김승렬 외 옮김, 휴머니스트, 2008.
- 《헝가리》, 주전너 어르도, 노지양, 이현철 옮김, 휘슬러, 2005.
- 《슬라브 정치가들이 제시한 오스트리아 제국의 존속 방안》, 김장수, 푸른사상, 2016.
- 《오스트리아의 역사와 문화》, 임종대, 유로서적, 2014.
- 《체코·슬로바키아사》, 권재일, 한국외국어대학교출판부 지식출판원, 2015.
- 《Geschichtliche Weltkunde》Hug, Wolfgang et al. Diesterweg, 1986.

사진 출처

- 33쪽 ©A.Savin
- 70쪽 위 ©Bundesarchiv, Bild 183-H1216-0500-002
- 70쪽 아래 ©Tulio Bertorini
- 81쪽 ©Sue Ream
- 116쪽 아래 ©Hyunah Kim
- 177쪽 아래 ©Jiří Jiroutek
- 188쪽 위 ©Váradi Zsolt
- 210쪽 ©Andreas Pöschek
- 212쪽 ©Andreas Pöschek

반전이 있는
유럽사 1

초판 1쇄 인쇄 2019년 11월 18일
초판 1쇄 발행 2019년 11월 25일

지은이 권재원
펴낸이 김한청

책임편집 원경은 편집 이슬
디자인 김지혜
마케팅 최원준, 최지애
펴낸곳 도서출판 다른

출판등록 2004년 9월 2일 제2013-000194호
주소 서울시 마포구 동교로27길 3-12 N빌딩 2층
전화 02-3143-6478 팩스 02-3143-6479 이메일 khc15968@hanmail.net
블로그 blog.naver.com/darun_pub 페이스북 /darunpublishers

ISBN 979-11-5633-272-5 43920